はじめてでも、とびきりおいしい

料理のきほん練習帳

料理家・栄養士 小田真規子

高橋書店

はじめに

　私が料理にたずさわる仕事を始めて約20年。その間に料理をとりまく環境も大きく変わりました。インターネットで検索すれば、ほしいレシピはすぐ手に入ります。また、お店には手軽に作れるおかずのもとが並び、魅力的な調理器具もたくさん売られるようになりました。そんな便利な時代なのに、なぜかこんな声をよく聞くのです。
「ちゃんとした料理が作れるようになりたい」

　こうした悩みが多くの方から寄せられ、さまざまなレシピを提案する中で、料理上手になるための一つの結論にたどり着きました。それは、意外かもしれませんが「レシピどおりに作る」ということです。

　一度でかまいません。まずは、この本のレシピどおりに一品作ってみてください。きっと、確かなおいしさを感じるとともに「だからおいしくできたんだ」と納得できるはず。その理由は、次のページから詳しく説明していきます。

　一生を80年とすると、ご飯を食べられる回数は約8万7600回。このうち何度、自分のため、あるいは誰かのために料理を作るのでしょう。きっと、その数は少なくはないはずです。

　この本を手に取ってくれたみなさんが確かな「料理力」を身につけることで、みなさん自身も、またみなさんの大切な人たちも豊かな食生活を送るための一助となれば幸いです。

小田真規子

レシピは「絶対おいしい」を作る究極の地図だった

「どうしたら、おいしい料理が作れるの？
料理教室に通う？　話題のレストランに行く？」

いいえ。もっとシンプルに、もっと確実に「料理力」がつく方法があるんです。

それが「レシピどおり作る」ということ。

「え？　それだけ？」と思う人もいるかもしれません。

でもじつは、レシピを忠実に守るのは簡単に思えて結構難しいことなのです。

たとえば、ついつい自己流のアレンジを加えてしまったり面倒だからと材料も目分量で入れたりしがち。

また、「一口大」「少々」「しんなりする」など

**材料は
はからない**

50gくらい
だよね？

**切り方を
間違えた**

一口大って
こんなもん
だよね

肉じゃがを
作るよ！

START

地図どおりに
進むよ！

量が
多すぎる

味がなんか
薄い

いもが
ボロ
ボロ…

味が
しみ
すぎた

レシピの中には「レシピ語」ともいえる言葉がたくさんあるため、それを正しく理解しなければ再現もできません。

レシピは、おいしい料理への「近道」が描かれた地図。

この地図どおりに調味料をはかり、言葉のとおりに動けば、「絶対おいしい料理」に最短ルートでたどり着くことができます。

そして、自分で作った「おいしい」の経験値をたくさんためてください。

それこそが、「冷蔵庫の余りものでもおいしく作れる」「わが家だけの最高においしいオリジナルメニューが作れる」など自分で地図を描ける本物の「料理上手」への近道になるのです。

本書のレシピどおり作ると確かに料理は上手くなる！

いいこと 1
あらゆる料理がおいしく作れる

レシピは単なる「手順書」ではありません。レシピは「これを見た人がおいしく作れますように」という願いのこもった地図なのです。本書は「料理が苦手」と思っている人でも失敗なしで作れ、料理の基本技術も簡単に習得できるよう徹底的にわかりやすくしました。

たとえば、P42の野菜炒めでは「ほったらかし焼き」という調理法を紹介していますが、この方法はほとんどの炒め物料理にも応用できるワザ。

このように、一つレシピどおり作れば、炒め物全般のコツを体感でき、力がついていきます。そして成功の勘所を押さえながら作れるため、はじめて作る料理でもおいしくできるのです。

す、すごいね…

はじめて作りましたけど？

いいこと2 すべての料理本がよみがえる

あれも作れる！

これも作れる！

みなさんの本棚には何冊の料理本がありますか？ この本がはじめて、という人もいるかもしれませんが、すでに何冊か持っている人もいるでしょう。もし今まで料理本を見て「おいしくできなかった」という経験があっても、本書のレシピどおりに作ることで、家にある本もおいしくよみがえるのです。

た部分が解消できます。

本書では、レッスン1で「超基本」を紹介し、以降のレシピ部分では火加減、時間、「レシピ語」などをわかりやすく示しています。これで料理に慣れれば、レシピのポイントがある程度読み解けるようになるので、ほかの料理本でわからなかっ

いいこと3 「わが家の味」が最短ルートで完成

レシピどおり作ると「オリジナリティがなくてつまらないこ」と思われるかもしれませんが、じつは、わが家の味を作る最短ルートでもあるのです。

レシピを見ずになんとなく作ると、材料、時間、味つけ、これらをゼロから自分で決めなければいけないので、なかなか料理が完成しません。ところがレシピどおりに作ってみると、「おいしいけど、もう少し塩がほしいかも」など、好みの味つけが明確になります。まずこのレシピで自分なりの「おいしさの基準」をもてば、あとは好みで調整するだけで、わが家の味が完成します。

おいしい！ もう少し汁けが多いとさらに好きかな

私はしらたきも入れたいな

ふせんを貼って、マイレシピにカスタマイズ！

裏側公開！

レシピにはすべて理由がある

肉じゃが

コツ
「最後の10分」で味が芯までほっくりしみこむ

調理道具

20cm

 おいしさのコツ

20分で「火を通す」
10分で「味を入れる」

火を通しているときは素材から水分が出ています。すると、調味料が素材に入れず、はね返されてしまいます。

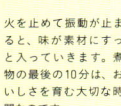

火を止めて振動が止まると、味が素材にすっと入っていきます。煮物の最後の10分は、おいしさを育む大切な時間なのです。

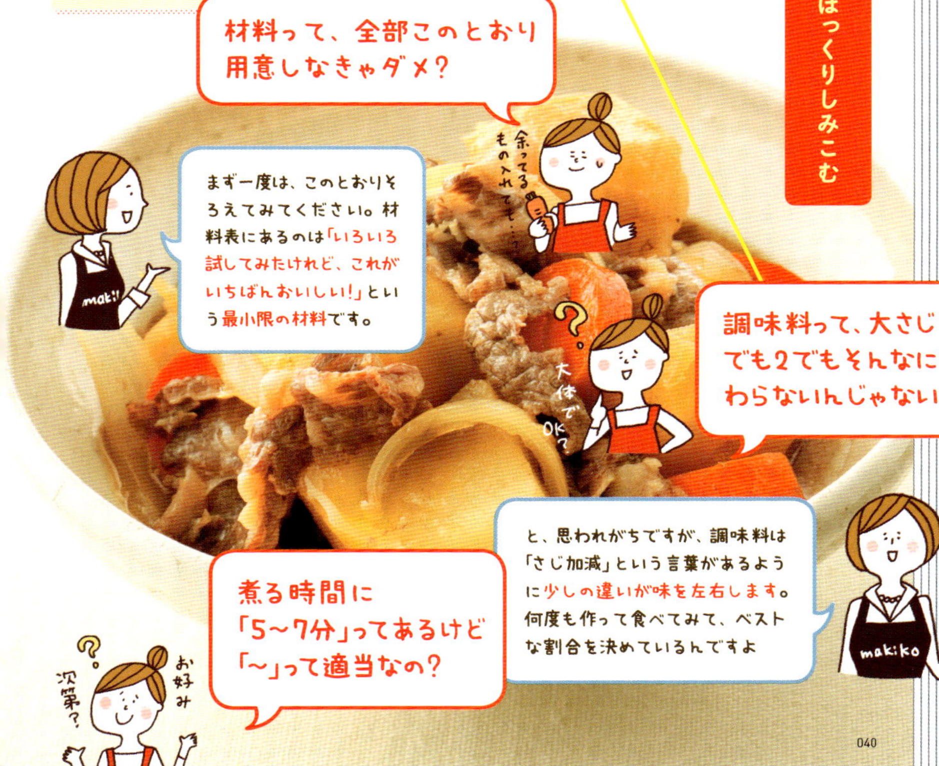

◉ 材料（2人分）
- じゃがいも……3個（正味450g）
- 牛こま切れ肉………………150g

A まぜておく
- しょうゆ、砂糖…各大さじ1
- にんじん………1/3本（50g）
- 玉ねぎ…………1/2個（100g）
- サラダ油………大さじ1

B まぜておく
- しょうゆ、みりん……各大さじ2

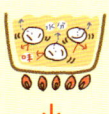
「材料って、全部このとおり用意しなきゃダメ？」

まず一度は、このとおりそろえてみてください。材料表にあるのは「いろいろ試してみたけれど、これがいちばんおいしい！」という最小限の材料です。

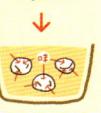
「調味料って、大さじ1でも2でもそんなに変わらないんじゃないの？」

と、思われがちですが、調味料は「さじ加減」という言葉があるように少しの違いが味を左右します。何度も作って食べてみて、ベストな割合を決めているんですよ

「煮る時間に「5〜7分」ってあるけど「〜」って適当なの？」

レシピってなんとなく作ってたんじゃなかったの？先生教えて！

これにもちゃんと意味があります。たとえば、夏と冬の気温の違い、冷蔵庫の中に冷えていた素材を使うときとそうでないとき、品種の違いなどで、火の通りには多少の差ができるんです

どうして「4等分」なの？「6等分」じゃダメなの？

同じでは？

じつは一度、6等分でもやってみましたが、火が通りすぎて煮くずれてしまったんです。切る大きさや形は、味や食感に大きくかかわるので、計算しつくされているんですよ

作り方

1 下ごしらえ

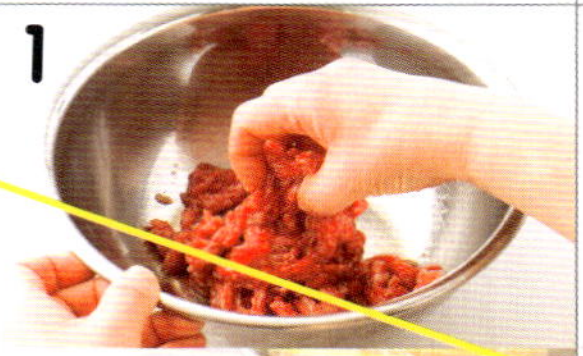

牛肉は大きければ半分に切り、指先でAをからめる。

POINT 下味をからめておくと、肉がやわらかく仕上がります。

2

じゃがいもは皮をむいて3〜4等分に切る。水に5分さらしてざるに上げ、ペーパータオルで水けを拭く。にんじんは皮つきで1cm厚さの輪切りにする。大きければ半月に切る。玉ねぎは6等分のくし形切りにする。

4等分したもの／1cm厚さ

3 炒める

鍋に油を中火で熱し、じゃがいも、にんじん、玉ねぎの順に入れて2分炒める。全体に油が回ったら牛肉を加える。

材料を加える順番って適当じゃダメ？

全部一気に入れたいです

4 煮る

肉の色が8割くらい変わったら、水1/2カップを注ぐ。煮立ったらアクを取る。

POINT 肉の色が完全に変わるまで炒めると、肉がちぎれてかたくなってしまうので、炒めすぎに注意。

この手順も、素材の特徴や料理のできばえ、**効率のいいルート**を考えたうえでの順番なんです。慣れてくると、この段取りが体にしみついてきますよ

5

Bを加え、再び煮立ったら弱火にする。ぬらしてかるく絞ったペーパータオルをのせ、さらにフタをして20分煮る。

6 蒸らす

火からおろし、そのまま10分蒸らす。

ここが大事！

POINT でんぷん質が豊富なじゃがいもは、余熱を利用して蒸らすことで中までほっくり。甘みも出ます。

中火とか弱火とか、なんで細かく変えなきゃいけないの？

LESSON 2

素材の変化をコントロールするためです。肉じゃがなら煮くずれずに火を通すために弱火にします。どう仕上げたいかによって、火の扱いも変わるんですよ

私はレシピを考えるとき、何度も同じ料理を試作します。微妙な味わいや食感、香りに至るまで、どうすればみなさんがおいしい料理を作れるのかをつねに考えています

CONTENTS

お試しあれ！

- はじめに … 2
- レシピは「絶対おいしい」を作る究極の地図だった … 4
- 本書のレシピどおり作ると確かに料理は上手くなる！ … 6
- レシピにはすべて理由がある … 8
- 「おいしさ」を再現できる本書の工夫 … 15

LESSON 1 「とびきりおいしい！」が今日から作れる3つの秘密 … 16

- おいしさの半分は「切り方」で決まっていた！ … 18
- レシピどおり切ればおいしさを底上げできる … 19
- 4つの基本フォームで切りやすさが格段にアップする … 20
- すばやく切れる、きれいに仕上がる新カットテクニック … 21
- 道具を知ると料理が楽しくなる … 22
- フライパンと鍋のサイズでおいしさが変わる … 23
- これだけあれば、料理上手になれる！基本道具の選び方 … 24
- 3つの「はかる」でプロの味を実現できる … 26
- 方程式さえ知れば味つけの幅はもっと広がる … 29

上手く作れるかな〜

LESSON2 レシピどおり作れればこんなにおいしい！驚きの11レシピ …… 30

- 基本のハンバーグ …… 32
- ほうれん草のおひたし …… 34
- 具だくさん豚汁 …… 36
- ご飯 …… 38
- 肉じゃが …… 40
- 野菜炒め …… 42
- ぶりの照り焼き …… 44
- 蒸し野菜 …… 46
- 鶏肉ときのこのマカロニグラタン …… 48
- 鶏のから揚げ …… 50
- ひじきの煮物 …… 52

ビミョーな悩みにお答え！料理なんでもQ&A …… 54

LESSON3 大人気！何度も食べたい定番メイン料理 …… 56

- 豚肉のしょうが焼き …… 58
- サーモンのムニエル …… 60
- ポークロールソテー …… 62
- シンプルポークソテー …… 64
- 鶏肉のソテー ねぎソース …… 65
- あじのフライパン塩焼き …… 66
- いわしのかば焼き …… 68
- 羽つき肉餃子 …… 70
- 春巻き …… 72
- サーロインステーキ …… 74
- えびのチリソース …… 76
- チンジャオロースー …… 78
- 麻婆豆腐 …… 80
- いかのワタバター炒め …… 82
- 鯛のカルパッチョ …… 83

- あさりの酒蒸し …… 84
- シンプル茶碗蒸し …… 86
- シンプルカレー …… 88
- ハヤシライス …… 90
- ラタトゥイユ …… 92
- ロールキャベツ …… 94
- 筑前煮 …… 96
- 豚の角煮 …… 98
- 肉豆腐 …… 100
- さばのみそ煮 …… 102
- 金目鯛の煮つけ …… 104
- ぶりと大根のあら煮 …… 106
- 鶏つくね …… 108
- ゆでしゃぶサラダ …… 109
- とんカツ …… 110
- コロッケ …… 112
- えびフライ …… 114
- かき揚げ …… 116
- 酢豚 …… 118

LESSON 4 「あの味」が自分で作れる絶品サイドメニュー …… 120

- キャベツのコールスロー …… 122
- 湯むきトマトのサラダ …… 122
- 水菜とじゃこのサラダ …… 124
- 生野菜のバーニャカウダソース …… 124
- ポテトサラダ …… 126
- 豆もやしのナムル …… 126

この野菜、どう調理すればいいの？ …… 128
- とろろご飯
- ゆで枝豆
- オクラ納豆
- アボカドとまぐろの和え物

- 焼きなす …… 130
- 小松菜と油揚げの煮びたし …… 130
- 焼き野菜のマリネ …… 132
- 野菜の焼きびたし …… 132
- キャベツの浅漬け …… 134

- スモークサーモンと玉ねぎのマリネ …… 134
- きゅうりとかにかまの酢の物 …… 134
- いんげんのごま和え …… 136

お手軽和え物3種類 …… 137
- ほうれん草の白和え
- ブロッコリーのピーナッツ和え
- 小松菜の梅わさびおろし和え

- 里いもの煮物 …… 138
- かぼちゃのそぼろ煮 …… 138
- きんぴらごぼう …… 140
- 切り干し大根の煮物 …… 142
- 大学いも …… 142
- スクランブルエッグ …… 144
- 丸いフライパンで卵焼き …… 144

LESSON 5
いつもと違うおいしさに出会えるご飯、麺、汁物 …… 146

- 鶏五目炊きこみご飯 …… 147
- オムライス …… 148
- フライパンパエリア …… 150
- チャーハン …… 152
- ちらしずし …… 154
- 全粥／五分粥 …… 155
- 炊きこみ赤飯 …… 156
- 親子丼 …… 158
- 牛丼 手作り温玉のせ …… 159
- あっさりうどん …… 160
- そばつゆ＆そば …… 161
- スパゲティミートソース …… 162
- スパゲティカルボナーラ …… 164
- ペンネアラビアータ …… 166
- シンプル卵＆きゅうりサンド …… 167

いい感じ いい感じ！

- 基本のみそ汁 … 168
- おすすめの具 … 169
  - にら&油揚げ
  - じゃがいも&玉ねぎ
  - キャベツ&わかめ
- 簡単おすまし … 170
- かき玉汁 … 170
- コーンスープ … 171
- 野菜のポタージュ … 171

料理本の写真みたい！おいしく見える盛りつけのコツ … 172

「レシピどおり」作って余った調味料・食材を、もっと活用！ … 174

アレンジにも役立つ基本の調味料一覧 … 176

基本の切り方・下ごしらえ … 178

基本のだしの取り方 … 183

迷ったらココ！ レシピの言葉 … 186

レシピどおり作って余った食材を活用できる！材料別さくいん … 190

Stafflist

撮影／志津野裕計、山下裕司、大湊有生（クラッカースタジオ）

スタイリング／吉岡彰子

料理アシスタント／青木恭子、清野絢子、岡本恵、松枝幸太（スタジオナッツ）

アートディレクション／大薮胤美（フレーズ）

本文デザイン／髙橋朱里、木村陽子（フレーズ）

DTP／天龍社

イラスト／高村あゆみ

執筆協力／川端浩湖

本書の決まりごと

- 本書に表示した大さじ1は15ml、小さじ1は5ml、1カップは200mlです。
- 調理前に、野菜は必ず水洗いをします。ペーパータオルなどでかるく水けを拭いてから使いましょう。きのこ類の水洗いは不要です。
- 「正味」とは、皮、種、ワタなどを取り除いた、実際に食べられる重量のことです。
- 材料の横に（すりおろす）などと書かれているものは、調理前に準備をしておいてください。
- 作り方に「フタをする」という表記がない場合は、フタをせずに調理してください。
- 電子レンジの加熱時間は、600wの場合の目安です。ただし機種によって差があります。
- 本書で使用しているフライパンと鍋は、おもにこの4つ。24cmの鍋を使うこともあります（P23参照）。
- 調理に1時間以上かかるものにはアイコンをつけています。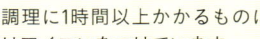
- 火加減アイコンはこの3つです（P23参照）。

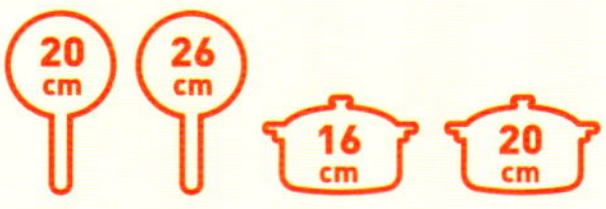

やったー！おいしい！

「おいしさ」を再現できる
本書の工夫

「レシピどおり作る」のは結構大変なことだというのは述べたとおり。でも、それを実現するために、最大限サポートするのが本書です。こんな工夫で、みなさんがおいしい料理を作り上げるお手伝いをしています。

間違えない！

しっかり準備できるからあせらない
最初に調味料をまぜておいたり、下ごしらえをしたりすることで、火にかけてからあわてることがなくなります。

手順を間違えにくい
上から順番に流れを追っていけるレイアウトにしています。

火加減や時間、切るサイズを間違えにくい
火加減と時間を赤字にしています。切るサイズなどを間違えやすいものには、原寸大の写真を載せました。

わかりやすい！

「写真」を見れば言葉がわかる
言葉だけではよくわからない情報は、写真を使って説明しています。

確実においしく作るコツがつかめる
おいしさの理由や調理のコツを示してあります。

ややこしい分量は少なめ
「小さじ1/3」など、はかりにくい分量は極力少なくしました。ただ、どうしても微妙な加減で味が決まってしまう料理もあるので、その場合はP28を参考に。

この本の効果的な使い方

- 買物に行くときは、本書の材料表を携帯電話のカメラでパシャ。これで買い忘れがなくなります。
- 調理前に、レシピを一通り読んで「いつ何をするのか」をざっくり頭に入れておくとスムーズに進みます。
- レシピどおり作って調味料や食材が余ったときは、P174〜175、P190〜191をチェック。
- レシピを読んでわからない単語があったら、P186〜189をチェック。

LESSON 1

「とびきりおいしい！」が今日から作れる3つの秘密

さっそくレシピどおりに作ってみる前に
まずは今まであまりお伝えしていなかった
「基本中の基本」から始めましょう。
ちょっと面倒かもしれませんが
ぜひキッチンの近くでページを開いてみてください。
ずっと料理が上手くいかなかった人は
ここに書かれていることを見直すだけでも
ふだんの料理がかなり変わってくるはず。
このレッスンを読んで、まず「土台」を知ることで
レッスン2からのレシピが
ぐんとおいしく作れるようになるんです。

料理上手の秘密 1

おいしさの半分は「切り方」で決まっていた！

よく「私の肉じゃがあまりおいしくなくて、味が決まらないんです」という人がいます。

でもこれは大きな勘違い。

おいしさを大きく左右する決め手は味つけだけではなく、具材の切り方にもあったんです。

たとえば「一口大」と書いてあるのに1cm角にしてしまうと火の通りが早くなり水分が出すぎる、味がしみて濃くなるなどの影響が出てしまいます。

じつは、具材を切るというのは味の土台作りです。

この「土台」をおろそかにするとそのあとでどんなにベストな味つけをしてもリカバーしにくいもの。レシピどおりの大きさに切れば切る回数も少なくすむ、盛りつけたときも豪華に見えるなど、いいことずくめなんですよ。

✕ NG
レシピより小さいと失敗！

- 味が濃い
- 火が通りすぎ
- 見た目がさみしい

◎ GOOD
レシピどおり切ると、おいしい！

- 盛りつけが決まる
- 食べごたえのある食感に
- 味がちょうどよくしみている

たとえば筑前煮は、芯まで煮汁の色にならないと味がしみていないと思っていませんか。じつは、色づきは表面だけでも塩分はしっかりと中まで通っているのです。

 makiko's voice

私がこれに気づいたのは、新人アシスタントが切った野菜を見たときでした。「生煮えになるかも…」という恐れなのかクセなのか、にんじんの乱切りが二回りも小さかったのです。そのままレシピどおりに作ってみてもらうと、やはり煮上がりの色や味のなじみが大きく変わってしまいました。

「料理は味つけが命」ってイメージだったけど…

レシピどおり切れば
おいしさを底上げできる

レシピに書いてある切り方も、意外とわからない、上手くいかないことが多いもの。ここで悩みを解決して、おいしさのベースを作りましょう。

一口大

一口大はこれくらい！

「一口ってそもそもどの程度?」と迷いがち。食材にもよりますが「一口大」は2〜3cm角を目安にしましょう。

乱切り

「乱」というだけあって、一つひとつの大きさが乱れてしまいがち。基本は、面の中心を狙って、半分に割るように切れば、大きさがそろいやすくなります。

せん切り

せん切りは、時間もかかるし、細さもまちまちになりがち。はじめに斜めに薄切りしたものを重ねてずらし、端から細く切れば、手間も減り、形が均一になります。

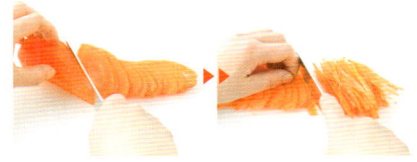

短冊切り

「長さも厚さもよくわからない…」人が多い切り方。ついつい短くなってしまいがちですが、4〜5cm長さを目安にすると上品になります。

みじん切り

「いったいどれくらい細かく刻めばいいの?」と悩みがちなみじん切り。目安は3mm角です。「せん切り」を垂直に切り、刃先を押さえてまんべんなく細かくしていきます。

輪切り

先はどうするの？

「太い部分はきれいに切れるけど、先のほうはどうしたらいいんだろう…」と悩まされる切り方。形にこだわらず、だいたい同じ体積になるように調整すればOK。

同じ！

→ 素材ごとの細かい切り方は、P178〜でも紹介しています。

料理上手の秘密 1

4つの基本フォームで切りやすさが格段にアップする

基本 ①
まな板の下にペーパータオルでグラグラしない

切り終わったら、まな板に残った野菜くずをキッチンペーパーでまとめてポイ。キッチンを清潔に保てます。

まな板の下には、ぬらして水けをかるく絞ったペーパータオルを半分に折って敷きこんでおきます。これで、まな板がグラグラしないので、かぼちゃなどかたいものも切りやすくなります。

基本 ②
新 猫の手でゆるく押さえる

ピンポン玉一つ分

よく、がっちりとかたくグーにしている人がいますが、これでは手をスムーズに移動させられません。ピンポン玉一つ分くらいゆるく握った猫の手を作りましょう。

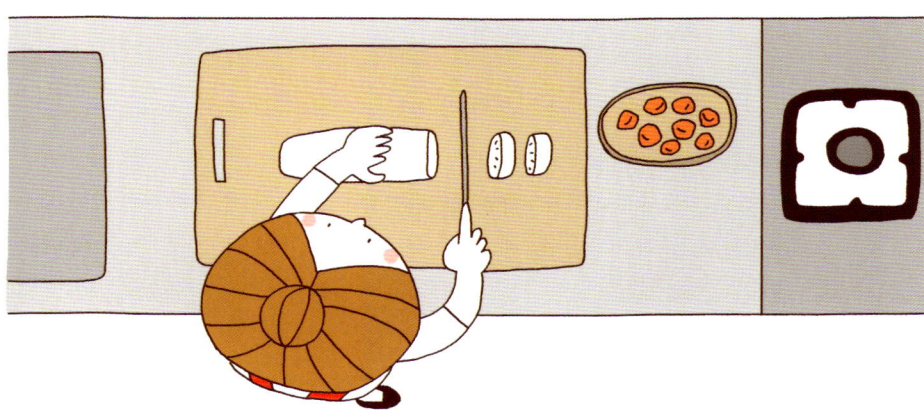

基本 ④
「押して引く」で、無駄な力は不要

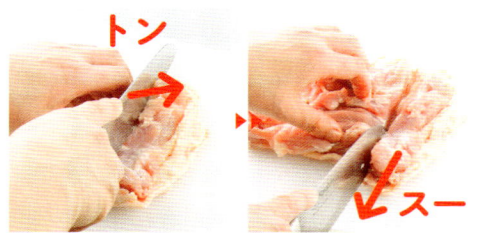

トン
スー

素材に包丁を入れるときは、上から少し前に押し、手前にすっと引く。この流れだと余分な力をかけずに、素材がスパスパ切れます。

基本 ③
利き手側の足を半歩引くとラクに切れる

キッチンと体をこぶし一つ分あける

利き手が右であれば、右足を半歩引いて、まな板に対して斜めに立ちます。真正面に立つよりも腕全体を動かしやすいので、包丁がラクに使えます。

すばやく切れる、きれいに仕上がる
新カットテクニック

時間のかかる、ちょっと複雑で面倒な切り方は、この方法を試してみて。ストレスフリーで手早く切れるようになります。

玉ねぎの超ラクみじん切り

普通は、½個の玉ねぎに対し縦横に包丁を入れますが、これだと玉ねぎがずれて切りにくいですよね。

まず、芯を残して¼に切り、端から縦に切りこみを入れます。

左に90度倒して同様に切りこみを入れます。

切りこみに垂直に切っていきます。

使いたいだけ作る ねぎのみじん切り

まず表裏に、下まで切り離さないよう斜めの切りこみを入れます。そのあと、端から切れば、みじん切りが一気に完成。ねぎの形が保たれたままなので切りやすく、安定します。

長さ一定！キャベツのせん切り

¼のサイズに切って芯を切り、葉を内側と外側に分けます。

それぞれまな板にぐっと押さえつけてつぶし、斜めに細く切ります。

一方の辺をある程度切ったらもう一方の辺を切ります。

きゅうりのトントン切り

きゅうりの輪切りをしていて、まな板からコロコロ転がって、はみ出したことはありませんか？

包丁をやや傾けて切れば、きゅうりが包丁の側面に広がらないので、トントン気持ちよく切れます。

ピーマンのくるくる乱切り

ヘタと種を手で取るのが面倒なピーマン。でも、最初に半分に切らず、ヘタのないお尻のほうから回しながら丸ごと乱切りにしていけば、最後にヘタがきれいに残ります。

料理上手の秘密 2

道具を知ると料理が楽しくなる

料理本の中には「直径○cmのフライパンで作る」などの前提条件が書かれていないものがあります。

じつは、これが落とし穴。この条件をそろえずにレシピどおり「5分焼く」「30分煮こむ」などの時間を守っても、フライパンの厚みやサイズが違えば熱の伝わり方や水分のとび方も変わるのでレシピどおりの味にならずがっかりすることも。

料理は、材料や調味料だけでは作れません。包丁や鍋、木べらなどの「調理道具」があってはじめて切ったり火にかけたりできるもの。

人生でもパートナーが大切なように料理の相棒、調理道具ひとつでおいしさも調理工程の楽しさも変わってくるのです。

✕ NG
フライパンのサイズを間違えると、失敗！

- ひっくり返せなくて、こげる
- 味がまんべんなくからまない
- 火が通りすぎてシャキッとしない

◎ GOOD
レシピどおりのサイズだと、おいしい！

- 味にムラがない
- 炒めやすい
- 熱がまんべんなく伝わるからシャキッとする

右はレシピどおり26cmのフライパンで左は20cmのフライパン。道具によって、味や見た目に大きな影響が出るということがよくわかると思います。

なんとなく選んで使ってたなあ…

makiko's voice

どんな道具を使うのかによって、段取りは決まります。料理をするたびに道具が変わると時間がかかってしまうのです。また、「料理が上手くできない」とストレスに感じて疲れてしまう人は、道具を見直すだけで解決することも多いんですよ。

フライパンと鍋のサイズで
おいしさが変わる

たった6cm、されど6cm。このわずかに見える違いができあがりに大きく響きます。「料理は火加減」という言葉もよく使われますが、その火を直接受けるフライパンや鍋も「微妙な大きさ」で味に影響を与えてしまうのです。

2〜3人分の料理を作る本書は、テフロン加工をしたやや厚めの直径26cmのフライパン、直径20cmの鍋を基準にしています。

家にあるものと比べてみよう

原寸大！

本書で使う4つのフライパン・鍋

フライパン

 小：20cm
煮物や下ごしらえ、卵焼きなどに使います。

 大：26cm
炒め物、煮物、焼き物など、メインとして使います。

鍋

 小：16cm
汁物、下ゆでなどに使います。

 大：20cm
長く煮るものなどに使います。

「便利だから」となんでもフライパンを使ってしまいがちですが、長く煮こむものなどは水分が蒸発するので鍋を使うほうがよい場合も。ものによっては、24cmの大きい鍋が適することもあります。また、一般的な料理本もほぼこの4つで作られているので、これを機に購入してみるとラクにレシピを再現できます。

家にあるものが大きい場合は？
水分のある料理の場合、レシピに書いてある水分量から2〜3割増やします。たとえば水1カップのレシピなら、40〜60ml追加するということ。これは面積が広いぶん、蒸発する水の量が多いため、補う必要があるという意味です。また、フライパンを予熱する時間も少し長くしましょう。

小さい場合は？
大きい場合と逆に、水分を減らし、予熱時間を短くします。

Q よく「フライパンを中火で熱し」って書いてあるけど何分くらい？

A フライパンの厚みや材質にもよりますが手をフライパンの10cm上の位置でかざして、すぐに温かさを感じれば予熱完了です

火加減の基本は「中火」

火加減はおもに「弱火」「中火」「強火」の3つ。ただ、ほとんどは中火だと覚えておきましょう。「強めの中火」「弱めの中火」というものもあります。

料理上手の秘密 2

これだけあれば、料理上手になれる！基本道具の選び方

いちばん味に影響する フライパン・鍋

フライパン・大（26cm）

フタは必須！

値段がまちまちですが、替えどきは「目玉焼きがきれいに焼けなくなったら」。高いもの、安いもの、どちらを使うかはお好みで。

フライパン・小（20cm）

フライパンで煮物をすることもあるので、深さのあるタイプがおすすめです。

鍋・大（20cm）

大きな鍋は長時間煮る料理が多いので、少し重くても頑丈なものがおすすめです。ひどくこげついたりしなければ、何年でも使えます。

鍋・小（16cm）

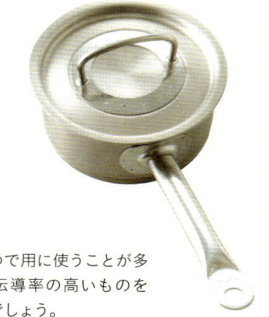

みそ汁、下ゆで用に使うことが多いので、熱伝導率の高いものを選ぶといいでしょう。

段取りがよくなる 包丁・まな板

まな板

まな板はだいたいA4の1.5倍くらいのサイズがおすすめ。薄すぎると切るときの振動で腕や肩が疲れてしまうので、1.5～1.7cmの厚みのものを選ぶとよいでしょう。

包丁

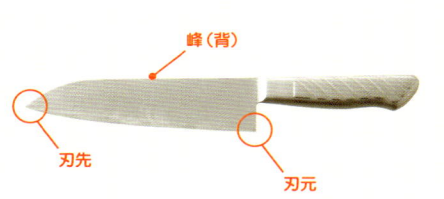

峰（背）
刃先
刃元

20cmくらいの刃渡りの、重めのものだとラクに切れておすすめ。初心者の方には、柄と刃が一体化しているタイプのもののほうが扱いやすいでしょう。きちんととといでおくと、切りやすくて◎。

→ 計量道具はP28を参照

ストレスが減る！ラクになる！ 新 三種の神器

神器1 3つのバット

合金アルミニウムだと軽い

作業スペースが増える

これさえあれば作業スペースが増えてキッチンが広く使えます。重ねて使えて場所をとりません。下ごしらえした材料を茶碗や皿にのせる人がいますが、バットなら洗い物もしやすく安定感もあってラク。

神器2 トング

ナイロン樹脂だと扱いやすい

自分の手のように扱える

焼いた肉や魚をくずさずにひっくり返す、パスタをきれいに盛りつけるなど、菜箸だとくずれたり時間がかかったりする作業が、はさむだけの簡単作業で行えます。

神器3 ゴムべら（大・小）

200℃以上の耐性があるシリコン製を

フライ返しにもなる

ゴムべらは大小2つ持ちがベスト。大は卵焼きなどの繊細な料理に。フライ返しより柔軟に扱えて便利です。また、小さいゴムべらは後片付けのときに汚れを落とすのにも使えて便利です。

手持ちを見直したい その他の道具

木べら

先が斜めのものを

おたま

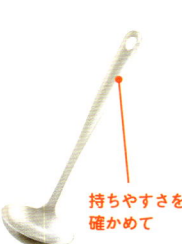

持ちやすさを確かめて

菜箸

四角いと持ちやすい

3つのボウル

大はサラダをまぜる、米をとぐ用。中はハンバーグだねなどまぜるものや、和え物用。小は合わせ調味料用など、3つあると便利です。ステンレス製の頑丈なものがおすすめ。

用意しておきたいものいろいろ

☐ おろし器
☐ 竹串・つまようじ
☐ アルミホイル
☐ ラップ
☐ ペーパータオル
☐ ふきん

ピーラー

キッチンばさみ

2つのざる

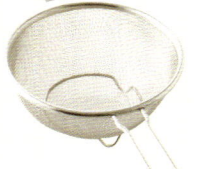

ステンレス製がおすすめ。プラスチックより油汚れが落ちやすく、熱湯消毒でピカピカになります。

20cm／米とぎや、葉野菜の水きりをするのに最適です。

柄つき15cm／ゆでたものをあけたり、みそをこしたりするのに便利。

料理上手の秘密 3
3つの「はかる」でプロの味を実現できる

「はかる」とは、「時間をはかる」、「素材の量をはかる」、「調味料の量をはかる」の3つを意味します。

「いちいちはかるなんて面倒」と思う人も多いことでしょう。

しかし、レシピどおりのおいしさを再現するには、正しい時間と正しい量は、はずせない要素です。

でも、これから一生、料理を作るときに毎回はかり続けるというわけではありません。

一つの料理につき、だいたい2回正しくはかれば3回目からは、その料理の分量を体が覚えてくれます。

しばらくは、キッチンに「3つのはかり」の特等席を用意してあげてください。

じつは、使いやすい場所にこれらの道具があれば、それほど面倒とは思わないものです。

「3つのはかり」の特等席

「レシピどおり作る」最大の敵が「はかる」。でも、はかり道具であるキッチンタイマー、スケール、計量スプーン・カップをこんな感じでつねに目につきやすい、使いやすい場所に置いておけば、はかる動作が習慣になり、手間だと感じなくなります。

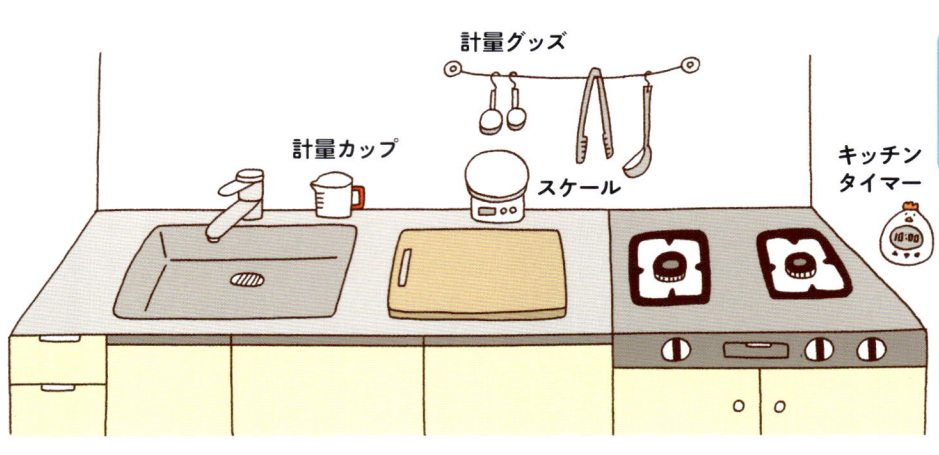

計量グッズ / 計量カップ / スケール / キッチンタイマー

「5分」「100g」「大さじ1」など、数字というのは全国共通。はかりさえすれば、絶対に間違えないので、便利な基準なんですよ

1 時間をはかる
キッチンタイマーがあれば、驚くほどラクになる

時間を「はかる」には、思いきってキッチンタイマーを買うのがおすすめ。たとえば炊飯器なら、炊き終わると音が鳴って教えてくれます。それまで米を炊いていることを忘れて、ほかのことに集中できるのはとても安心ですよね。自分の感覚で「3分くらいかな」と見はからっていると、早すぎて生焼けになる、焼きすぎてかたくなるなど失敗しがち。携帯電話のタイマーを使ってもかまいませんが、水にぬれた手でも扱えるもののほうが使い勝手がよいでしょう。

2 素材をはかる
量感覚が身につけば、おいしさが安定する

スケールのはかり方

スケールにバットをのせ、目盛りを0にします。 ▶▶ 素材をのせ、重さをはかります。

レシピによくあるわかりにくい分量

しょうが1かけ（10g）はこれくらい

玉ねぎ
小1個＝170g 
中1個＝200g

じゃがいも
小1個＝正味100g
中1個＝正味150g

レシピに何も書かれていない場合は「中」です。「正味」とは実際に食べられる重量のことです。

「基準野菜」で重さを体感

スーパーなどで買物するときは、以下の3つの野菜を基準に。「スケールではかる」「体で覚える」をくり返すと、量感覚がどんどん身につきます。

- **200g代表** トマト1個
- **150g代表** にんじん1本
- **100g代表** きゅうり1本

これは200gくらいね！

これがだいたい100g

とんカツ用肉2/3枚 	トマト1/2個 	キャベツ1/4の1/3個	かぼちゃ1/4の1/4個 
しょうが焼き用肉5枚 	にんじん2/3本 	ブロッコリー1/3個 	玉ねぎ1/2個 
鶏むね肉1/2枚 	なす1本 	れんこん1/2節 	さつまいも1/3本 
鶏もも肉2/5枚	ほうれん草4株	じゃがいも小1個	大根1/2の1/5本

小さじ1=5ml　　大さじ1=15ml

3 調味料をはかる

正しくはかれば味がブレずに決まる

計量スプーンのはかり方

粉・顆粒は「すりきり」

まず山盛りすくって、スプーンの柄ですりきりにします。これで1杯。

makiko's voice

塩や砂糖はよく使うので、入れ物を用意しておくのがおすすめ。そこに計量スプーンをつねに入れておけば、さっとはかれますよ。

小さじ½

1杯をすくってから真ん中に線を入れ半分を取り除きます。

小さじ⅓

減らす

½をはかってから、少しだけ減らしましょう。

ひとつまみ=約小さじ¼

親指、人さし指、中指の3本でつまんだ量。

少々=約小さじ⅛

親指と人さし指ではさんだ量。

液体は、見た目にまどわされない！

大さじ1

しょうゆなどの液体は、表面張力で少しプクッと盛り上がるくらいで「1杯」。しょうゆならこれで18gです。

大さじ½

見た目には⅔くらいに見えますが、これで½。わかりやすいよう目盛りがついているスプーンもあります。

半液体は「ヘラ使い」

ケチャップやマヨネーズなどもすりきりではかります。スプーンにこびりつくので、小さいゴムべらを使ってかき出します。

Q 適量って？ 適宜って？

A 適量とは、「ちょうどよい量」ということなので、自分で味を確かめながら入れていきます。適宜はいろいろな解釈がありますが「あれば」と同じ意味なので、なければ入れなくてもOKです

計量カップのはかり方

必ず平らなところに置いてからはかります。カップ⅔は約133mlと少しはかりにくいので、¾よりちょっと少なめを目安に。粉類や削り節は、ギュギュッと押しこまず、ふんわり入れた状態ではかって。おすすめは中がよく見える透明タイプ。

＼これがカップ⅔！／

1カップ=200ml

方程式さえ知れば
味つけの幅はもっと広がる

とりあえず、味のベースは「甘い」「塩辛い」の2つだけ。だから、代表的な調味料の特徴を知れば好みの味が作りやすくなります。

方程式

たとえば、甘辛い味つけの肉じゃがの場合…

 みりん大さじ3

 =

みりん3と砂糖1は、ほぼ同じ甘みと考えます。

 砂糖大さじ1

→

甘さは同じですが、コクが出て、味がこってりめになります。

塩辛い

塩 小さじ½ — **ストレートな塩け**
精製塩は、少量で味がはっきり決まってしまうので、慎重にはかって使いましょう。

=

しょうゆ 大さじ1 — **やわらかい塩け**
発酵、熟成させているのでうまみがあります。料理本では一般的に濃口が使われています。

=

みそ 大さじ1½ — **深みのある塩け**
しょうゆの⅔くらいの塩辛さ。地方やこうじの種類によって塩分、味わいがかなり違うので、最終的な味つけは自分の舌を頼りにしましょう。

甘い

砂糖 大さじ1 — **コクのある甘さ**
サトウキビから搾っているので、味がストレートに伝わります。肉料理だと、砂糖の粒子が入りこんで膨らむので、やわらかくなる効果も。

 =

みりん 大さじ3 — **ほのかな甘さ**
つややや照りが出ておいしく見える効果が。形を保とうとする働きがあるため、魚などを煮るのに適しています。

makiko's voice

たとえば絵の具を「赤も、青も、黄色も」とまぜるとだんだん濁ってきますよね。味つけも同じ。いろいろ入れすぎると「結局何味?」となってしまうので、シンプルに決めて。

「さしすせそ順」にしばられない!

「調味料はさしすせその順に入れましょう」という定説を耳にします。でも、結論からいってあまりこだわらなくてよいでしょう。家庭で少量作る場合なら素材の総量も少ないので、どの順番で入れても味はきちんとしみこむからです。「次は砂糖だっけ、しょうゆだっけ」と戸惑うよりも、「切る」「はかる」をきちんと押さえたほうが、「おいしい料理ができる率」は高くなるのです。

さ 砂糖　し 塩　す 酢　せ しょうゆ(せうゆ)　そ みそ

LESSON 2

レシピどおり作れば
こんなにおいしい！
驚きの11レシピ

いよいよ、「レシピどおり作る」の実践編がスタート。
どうしてこのレシピだと、おいしく作れるのかは
このレッスンを読むだけでもわかります。
でも実際、レシピに忠実に作ってみると
自分の舌ではっきりと「違う」と感じられるのです。
また、「おいしいゴール」に確実にたどり着くには
基礎体力も大切。
この11レシピには、「炒める」「煮る」「蒸す」などの
基本的な料理テクニックが詰まっているので
これらを作っているだけで、知らず知らず
ほかの料理にも応用できる技術をマスターできます。
ですから「おいしい」を体感しながら
どんどん力がついていくんです。

基本のハンバーグ

> コツ
> ジュワッとあふれる肉汁の秘密は「焼き加減」にあり

おいしさのコツ

肉汁たっぷりの鉄則は4：10で焼く

まずは片面を中火で4分焼きます。ここで、ハンバーグの片面が熱をもちます。

裏返して10分間弱火で蒸すと、内部の温度が、肉の脂の溶け出す70℃前後になります。強火で焼くより脂が中でゆっくり充満していくから、肉汁たっぷりが実現！

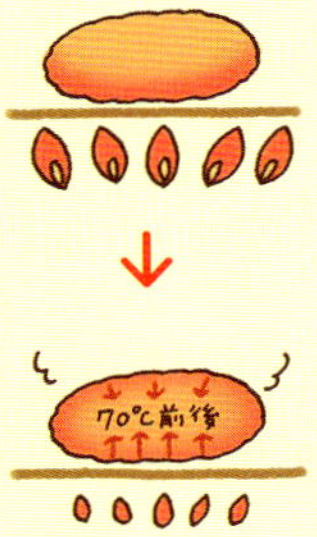

⊙ 材料（2人分）

- 牛ひき肉　200g
- 豚ひき肉　100g
- A
  - 玉ねぎ　½個（100g）
  - パン粉　½カップ
  - 牛乳　¼カップ
  - 卵　1個
  - 塩　小さじ½
  - こしょう、ナツメグ　各少々
- サラダ油　大さじ1
- B
  - 牛乳　¼カップ
  - 中濃ソース、トマトケチャップ　各大さじ2
  - 粒マスタード　小さじ1
- 蒸し野菜（P46参照）　適量
- クレソン　適量

調理道具 26cm

「強火で両面こんがり」の常識をくつがえす、感動のおいしさです

作り方

1 たねを作る

Aの玉ねぎはみじん切りにする。ボウルに牛ひき肉と豚ひき肉を入れ、指先でざくざくとつかむようにまぜたら、Aを加えて同様にまぜる。

POINT 手のひらの熱が伝わって肉の脂が溶けると、焼いたときに肉汁が出てしまうので、指先だけを使います。

2

材料がある程度まざったら、野球ボールを握るように指を曲げ、指先で全体をまぜる。手首をぐるぐると回して、写真のようになめらかになるまで**1分**練りまぜる。

3 成形する

たねを2等分する。手のひらに油（分量外）を塗り、たねをキャッチボールするように**20〜30回**打ちつけて空気を抜く。たねはやわらかめなので注意を。1.5cm厚さの平らな楕円形にする。

POINT 時間があれば、冷蔵庫で30分休ませて。たねの脂肪分がなじみます。

4 焼く

フライパンに油を**中火**で熱し、たねの中央をへこませて入れ、**4分**焼く。

POINT 中央をへこませる理由は、熱が届きにくく火が通りにくい中央に火を通すため。

5

ここが大事！

裏返してフタをし、**弱火**で**10分**蒸し焼きにする。竹串を**1回**刺し、肉汁が透明になれば器に盛る。

POINT レストランなどでハンバーグを焼くときは、オーブンに入れてまんべんなく熱を加えます。肉のおいしい温度を守るこのワザを家庭で実現するのが「蒸し焼き」です。

6 ソースを作る

フライパンに残った油をペーパータオルで8割くらい拭き、Bを入れる。**中火**で**1〜2分**煮詰めてソースを作り、ハンバーグにかける。蒸し野菜とクレソンを添える。

ほうれん草のおひたし

> コツ: 絶妙な歯ざわりと甘みは「ゆでる前」に決まる

材料（2人分）
- ほうれん草 …………… 8〜10株（200g）

A まぜておく
- しょうゆ、水 … 各大さじ2
- 削り節 ……………… 適量

調理道具: 20cm

おいしさのコツ

「花の水あげ」ワザでシャキシャキ食感

ほうれん草は買ってきて、そのままゆでるのが当たり前と思っていませんか？ じつは、ゆでる前に、花を水あげするように、葉や茎に水を吸わせておくのです。これでゆでても素材のみずみずしさがそのまま残り、シャキッとした歯ざわりを楽しめます。

> 青菜だけでなく、いんげんやきぬさやも、水あげするとみずみずしくなりますよ

作り方

下ごしらえ

1 ほうれん草は流水で根元を広げるように洗って汚れを取り、根を切る。

POINT 根元が太いものは、切りこみを入れます。

2 冷水を入れたボウルにほうれん草を **15分** ほどつけ、水を吸わせる。

POINT 花を生けるようなイメージでボウルに広げると、根元から水を吸いやすくなります。

ここが大事!

ゆでる

3 鍋に水を6〜7カップ入れて **強火** にかける。沸騰したらほうれん草の根元を立てて入れ、**10秒** おく。
箸で押さえて全体を沈め、再び沸騰したら **20秒** ほどゆでる。

POINT 塩を入れる必要はありません。手早くゆでて水にさらすのが色よく仕上げるコツ。

4 取り出してすぐ冷水にとり、水を取り替えながら手早くしっかり冷やす。

味つけ

5 根元をそろえてかるく水けを絞り、**A** の½量をかける。

POINT 「しょうゆ+水」は二度がけがポイント。最初に下味をなじませておくと、最終的に水っぽくなりません。

6 ほうれん草の½量を裏返し、根元と葉先の向きを互い違いにおく。上から下に手を動かしてかるく汁けを絞る。
4cm長さに切ってボウルに入れ、削り節と残りの **A** を加えてまぜる。器に盛って削り節をふる。

POINT 互い違いにすると太さがほぼ同じになるので、均一に汁けを絞れます。

4cm長さ

具だくさん豚汁

コツ 豚肉がしっとりジューシー。タイミング一つで絶品うまみ汁に！

おいしさのコツ

「豚肉は後入れ」でスープに驚きのコク

肉の脂がいちばんおいしいのは70℃前後。豚肉を先に炒めると肉の脂が溶け出し、脂が高温になりすぎます。肉もパサパサに…。

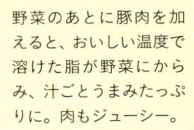

野菜のあとに豚肉を加えると、おいしい温度で溶けた脂が野菜にからみ、汁ごとうまみたっぷりに。肉もジューシー。

◉ 材料（2〜3人分）

- 豚バラ薄切り肉 …… 100g
- ごぼう …… 2/3本（100g）
- 大根 …… 1/5本（200g）
- にんじん …… 1/3本（50g）
- しめじ …… 1/2株（50g）
- ごま油 …… 小さじ2
- A しょうゆ …… 大さじ1
-   みそ …… 大さじ2〜3
- 小ねぎ（小口切り）…… 適量

調理道具 20cm

> 豚肉とたくさんの野菜からうまみが出るので、だし汁いらずです

makiko

作り方

下ごしらえ

1 ごぼうはたわしで洗い、水をはったボウルにつけながらスプーンで皮をこそげ取る。ごぼうの先をまな板につけ、包丁を寝かせて動かしながら削るようにささがきにする。水に**5分**さらしてざるに上げ、ペーパータオルで水けを拭く。

POINT ささがきにすると断面にささくれができ、味がからみやすくなります。

ささがき

2 大根とにんじんは皮をむく。大根は8mm厚さのいちょう切りに、にんじんは8mm厚さの半月切りにする。しめじは石づきを切り小房に分ける。豚肉は3cm幅に切る。

8mm厚さ

炒める

3 鍋にごま油を**中火**で熱し、ごぼう、大根、にんじんを順に加えて、そのつど炒める。

3cm幅

4 全体に油が回ったら豚肉、しめじを加え、肉の色が8割くらい変わるまで炒める。

ここが大事!

POINT ここで肉の色が完全に変わってしまうと、煮ている間に肉がかたくなってしまうので注意して。

煮る

5 水3カップを注いで**強火**にし、煮立ったらアクを取って**弱火**で**10分**煮る。

POINT 野菜と肉のアクはおいしさの邪魔をする雑味なので、ていねいに取りましょう。

6 ボウルに**A**を入れ、**5**の煮汁をおたま1杯分加えて溶きのばす。鍋に入れてひとまぜし、**弱火**で**5分**煮る。器に盛り、ねぎをちらす。

POINT みそはボウルで溶かすのがミソ。あとはひとまぜすれば全体になじむので、おたまで野菜がくずれることもありません。

ご飯

コツ つやつやご飯の極意は「最初の浸水」にあり

1時間以上

おいしさのコツ
「一回目はとがない」で水のバリアを作る

じつは、米も乾物の一つ。だから、ほかの乾物と同様、もどし方が大切です。最初は水にさっとつけるだけ。これで、乾いた米の表面に、きれいな水のバリアができます。

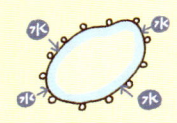

きれいな水でバリアを張っておけば、といだときに出る酸化した汚れや脂分を米が吸収せず、風味豊かに炊き上げられます。

材料（2〜3人分）
米 ……………… 2合（360ml）

「お米の基本」

■ 保存の仕方は？
冷蔵庫や冷暗所がベスト。精米は身がむき出しで水分が蒸発しやすいため、コンロ下などの温度変化のあるところに置くのは×。

■ 新米って、どう炊けばいいの？
新米とは、収穫される9月〜12月までの米のこと。水分を多く含むので、このレシピだと水は360mlのまま追加せずに炊きます。

■ 夏と冬で何か変えるの？
夏場は水道水が20℃前後とぬるいので、5℃程度の冷水を使って。水がぬるいと米のでんぷんが水に溶け出て、炊き上がりがベチャッとしがち。せめて炊く水だけでも冷やしましょう。

> このとぎ方なら、粒の立ったご飯が実現します

作り方

米をとぐ

1 水をはったボウルに米をざるごと入れ、すぐに引き上げる。あとの水は捨てる。

ここが大事！

POINT
「最初の浸水」は、米の表面をさっとぬらす程度に水につければOK。

2 再び水をはったボウルに米をひたし、両手でやさしく**20回**ほどこすりあわせ、濁った水を捨てる。

3 **2**を**もう1回**行う。水が透明になるまでとぐ必要はない。

POINT
これ以上といでも、でんぷん質が溶け出してくるだけ。現代の精米技術は優れているので、水が左の写真くらい濁っていても問題ありません。

吸水

4 ざるをふって水けをきり、汚れが入るのを防ぐためにふきんやラップをかけて**30分**おく。

POINT
米の表面についた水を吸いこませるだけで吸水は充分。これが粒の立ったご飯を炊く秘訣です。

炊く

5 炊飯器の内釜に米を入れる。水を米と同量の360ml入れ、好みで大さじ1～2を加えて普通に炊く。

POINT
米は銘柄や質によって含まれる水分が大きく異なります。好みのかたさも人それぞれなので、ベストな水加減を見つけて。

MINI COLUMN

土鍋＆鍋での炊き方

① 上の**1～4**までは同じ。鍋に米と、同量の水360ml＋大さじ3を入れてフタをし、**強めの中火**にかける。煮立ったらそのままの状態を**2～3分**キープする。

② **弱火**にして**10～12分**炊く。

③ 火を止めて**5～10分**蒸らす。

フタは開けちゃダメ！

肉じゃが

コツ　「最後の10分」で味が芯までほっくりしみこむ

おいしさのコツ

20分で「火を通す」
10分で「味を入れる」

火を通しているときは素材から水分が出ています。すると、調味料が素材に入れず、はね返されてしまいます。

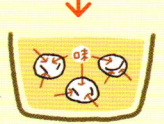

↓

火を止めて振動が止まると、味が素材にすっと入っていきます。煮物の最後の10分は、おいしさを育む大切な時間なのです。

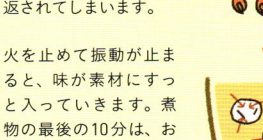

材料（2人分）

- じゃがいも‥3個（正味450g）
- 牛こま切れ肉‥‥‥‥‥150g

A （まぜておく）
- しょうゆ、砂糖‥各大さじ1

- にんじん‥‥‥‥1/3本（50g）
- 玉ねぎ‥‥‥‥‥1/2個（100g）
- サラダ油‥‥‥‥‥大さじ1

B （まぜておく）
- しょうゆ、みりん‥各大さじ2

調理道具 20cm

火を止めたあとの10分で、調味料が食材に入る隙を与えます

作り方

下ごしらえ

1 牛肉は大きければ半分に切り、指先で**A**をからめる。

> **POINT** 下味をからめておくと、肉がやわらかく仕上がります。

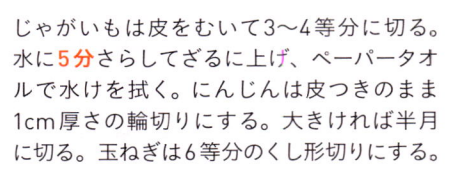

2 じゃがいもは皮をむいて3〜4等分に切る。水に**5分**さらしてざるに上げ、ペーパータオルで水けを拭く。にんじんは皮つきのまま1cm厚さの輪切りにする。大きければ半月に切る。玉ねぎは6等分のくし形切りにする。

4等分したもの

1cm厚さ

炒める

3 鍋に油を**中火**で熱し、じゃがいも、にんじん、玉ねぎの順に入れて**2分**炒める。全体に油が回ったら牛肉を加える。

煮る

4 肉の色が8割くらい変わったら、水¾カップを注ぐ。煮立ったらアクを取る。

> **POINT** 肉の色が完全に変わるまで炒めると、肉がちぎれてかたくなってしまうので、炒めすぎに注意。

5 **B**を加え、再び煮立ったら**弱火**にする。ぬらしてかるく絞ったペーパータオルをかぶせ、さらにフタをして**20分**煮る。

中→弱

蒸らす

6 火からおろし、そのまま**10分**蒸らす。

ここが大事!

> **POINT** でんぷん質が豊富なじゃがいもは、余熱を利用して蒸らすことで中までほっくり。甘みも出ます。

野菜炒め

コツ 香ばしさとシャキシャキ食感は「焼き」で実現！

◉ 材料（2人分）

- キャベツ……… 4枚（200g）
- 玉ねぎ……… ½個（100g）
- ベーコン……… 2枚（40g）
- サラダ油……… 小さじ2
- 塩、こしょう……… 各少々

調理道具 26cm

おいしさのコツ

炒め物の基本は「ほったらかし焼き」

絶えず鍋を動かすのが「炒める」ことだと思っていませんか？ これだと家庭の火力では食材から熱が逃げてしまいます。

そこで、炒め物はほったらかしにして焼く。これで食材とフライパンの接触時間を長くし、効率よく火を通します。

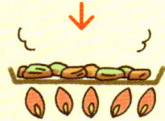

> 家庭の火力でも、これなら中華料理店の味が作れます

makiko

作り方

下ごしらえ

1 ベーコンは2cm幅に切る。玉ねぎは縦に5mm幅に切る。

5mm幅

2 キャベツは5cm四方に切る。

5cm四方

焼く

3 フライパンに油を**中火**で熱し、ベーコン、玉ねぎ、キャベツを順に重ねる。

POINT キャベツで全体を覆い、熱が逃げないようにガードして。このまま焼きますが、野菜の水分が出てくるのでこげつく心配はありません。

4 ここが大事！ **2分**ほど動かさずにそのままの状態で焼く。

POINT タイマーをかけて2分間じっと待ちましょう。しだいに野菜がしんなりして、かさが減ってきます。

5 木べらを底に入れ、菜箸を使って何回かに分けて上下を返す。

炒める

6 野菜から出た水けをとばすように、**強火**にして**1分**炒める。塩、こしょうで味をととのえ、器に盛る。

POINT 味つけは仕上げに。先に入れてしまうと野菜の水分がどんどん出て水っぽくなってしまいます。

ぶりの照り焼き

コツ くさみ一切ナシ！ 焼き方次第で皮までおいしく身もふっくら

調理道具 26cm

おいしさのコツ

皮を焼きつける「全方位焼き」でくさみゼロ

生ぐささのおもな正体は、皮が焼けたときの脂と、魚から出る水分。まず全方位焼きでくさみのある脂を出しきります。

出てきた脂をキッチンペーパーできれいに拭き取ります。これで脂が魚全体につかず、くさみもおさえられます。

◉ 材料（2人分）

- ぶりの切り身　2切れ（250g）
- **A** まぜておく
  - しょうゆ、酒　各小さじ2
- ピーマン　2個（60g）
- 大根おろし　適量
- サラダ油　大さじ1
- 小麦粉　大さじ2
- **B** まぜておく
  - みりん　大さじ3
  - 砂糖、しょうゆ　各大さじ1

魚嫌いの家族も、これならパクパク食べてくれますよ

makiko

作り方

下ごしらえ

1. バットにぶりを並べ、**A**をかけて室温に**10分**おき、ペーパータオルで汁けを拭く。

   POINT ぶりのように脂ののった魚は味が入りにくいので、下味をからめます。魚のくさみも取れて一石二鳥。

2. ピーマンは乱切りにする。大根は皮をむいてすりおろす。

   乱切り

焼く

3. ぶりに小麦粉をまぶして余分な粉をはたく。フライパンに油を**中火**で熱し、盛りつける面を下にして入れ、**3分**焼く。

4. 木べらか菜箸でぶりを立て、皮目がパリッとするまで**30秒〜1分**焼いて裏返す。ピーマンをまわりに入れて**3分**焼いたら、ペーパータオルで脂を8割ほど拭く。

   ここが大事！

   POINT 皮目がしっかり焼けていないと生ぐささが残るので、必ず立てて焼きましょう。

煮からめる

5. フライパンを一度火からおろしてピーマンを取り出し、**B**を回し入れる。再び**中火**にかけ、たれを煮立たせる。

   POINT 火からおろしフライパンの温度を下げてからたれを入れれば、たれはすぐに蒸発しません。これで落ち着いて味をからめ、照りを出すことができます。

6. 途中、ぶりの上下を返しながら、照りがつくまで煮からめる。器に盛り、ピーマン、水けをきった大根おろしを添える。

蒸し野菜

コツ フライパン「蒸らし」なら、野菜のおいしさギュッと凝縮

調理道具 26cm

おいしさのコツ

火を止めて3分放置で水分が戻ってしっとり！

蒸したての野菜をすぐに取り出すと、水分がどんどん蒸発して野菜の表面が乾燥し、パサついてしまいます。

火を止めたら3分放置。その時間に一度蒸発した水分が野菜に戻るので、しっとりおいしい蒸し野菜に。

材料（2人分）

- かぼちゃ……… ⅛個（200g）
- にんじん……… ½本（75g）
- ズッキーニ…… ½本（75g）

> フライパンで蒸すと、電子レンジよりじっくり火が通るので、野菜の甘みが増しますよ —makiko

作り方

下ごしらえ

1 かぼちゃはスプーンで種とワタを取り、3cm角に切る。

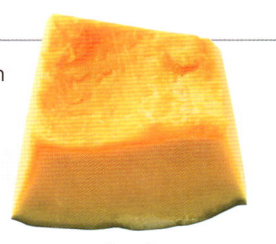

3cm角

2 にんじんは皮つきのまま、ズッキーニとともに1cm厚さの輪切りにする。

POINT
にんじんは、皮つきだと甘みとうまみが味わえます。

1cm厚さ

蒸す

3 フライパンにかぼちゃの皮を下にして並べ、2を入れて水½カップを注ぐ。

4 フタをして**中火**にかけ、煮立ったら**弱火**で**8分**蒸す。

POINT
最終的に余熱で火が入るので、ここでは野菜に8割ほど火を通すイメージで蒸します。

中 → 弱

蒸らす

5 かぼちゃに竹串を刺してすっと通るくらいになったら火を止め、フタをして**3分**蒸らす。器に盛り、下記のソースを添える。

ここが大事！

POINT
この3分間で時間がたってもふっくら感をキープできます。ほかにおすすめの野菜は、れんこん、さつまいも、ごぼうです。

MINI COLUMN

蒸し野菜に合う ドレッシング3種

どれも材料をまぜるだけでできるドレッシング。蒸し野菜だけでなく、サラダなどにかけてもおいしい！

にんにくチーズソース

⊙ 材料（作りやすい分量）
にんにく（すりおろす）……¼かけ
粉チーズ、オリーブ油
　　　　　　　　……各大さじ3
酢……………………大さじ2
こしょう……………少々

ジンジャーしょうゆマヨソース

⊙ 材料（作りやすい分量）
マヨネーズ…………大さじ4
しょうゆ……………大さじ1
しょうが（すりおろす）……小さじ1

はちみつマスタードマヨソース

⊙ 材料（作りやすい分量）
マヨネーズ…………大さじ4
はちみつ、粒マスタード
　　　　　　　　……各大さじ1

鶏肉ときのこのマカロニグラタン

コツ とろとろ「溶きのばし」ワザで、洋食屋さんの味！

おいしさのコツ

「とろとろまぜ」で超なめらかクリーミー

バターと小麦粉を炒めたルーは固体で、180℃前後。液体で10℃程度の牛乳をいきなり入れてもなじみません。

少しずつ牛乳を加えると、固体が少しずつ液体に変わり、温度差も徐々に縮まります。これでダマになりません。

材料（2人分）

基本のホワイトソース
- バター･････････50g
- 小麦粉･････････30g
- 牛乳･････････2カップ
- 塩･････････小さじ½
- こしょう･････････少々

- 玉ねぎ･････････¼個（50g）
- マッシュルーム･････････6個
- 鶏もも肉･････････1枚（250g）
- マカロニ･････････80g
- サラダ油･････････小さじ2
- A 塩･････････小さじ½
- こしょう･････････少々
- ピザ用チーズ･････････50g
- パセリ（みじん切り）･････････少々
- バター（器に塗る用）･････････適量
- バター（仕上げ用）･････････10g

1時間以上　調理道具　16cm　26cm

このホワイトソースの作り方は一生もの。いろいろな料理に応用がききますよ

makiko

作り方

ホワイトソースを作る

1 バターは1cm角に切る。鍋にバターを入れて**中火**にかける。
バターが完全に溶ける前に、小麦粉をふるい入れる。

> **POINT**
> バターは角切りにしておくと、早く、均等に溶けるので、こげつきを防げます。
>
> 1cm角

2 木べらでまぜながら、なめらかになるまで**1分**炒める。一度火からおろす。

3 牛乳を大さじ1～2ずつ加えながら、2を少しずつ溶きのばす。牛乳を入れたらそのつどまぜる。
ソースがゆるくなってきたら加える量を増やしていく。牛乳を全量入れたら再び**中火**にかけ、絶えずまぜながら**2～3分**煮て、塩、こしょうをふる。

※ここが大事！

> **POINT**
> 固体のルーを、少しずつ液体に近づけます。手間がかかるように見えますが、一気に加えてあとでダマをつぶすよりもじつはラクちん。

下ごしらえ

4 玉ねぎは1.5cm角に切り、マッシュルームは薄切りにする。鶏肉は皮と身の間の余分な脂肪を取り除き2cm大に切る。
鍋に湯3カップを沸かし、塩小さじ1（分量外）を加えてマカロニを袋の表示時間どおりに**中火**でゆで、ざるに上げる。

1.5cm角

2cm大

炒める

5 フライパンに油を**中火**で熱し、玉ねぎ、マッシュルーム、鶏肉を入れて動かさずに**2分**焼く。上下を返して**2分**炒め、**A**をふる。

焼く

6 5にマカロニを入れてまぜ、ホワイトソース2/3量を加えてまぜる。
バターを塗ったグラタン皿に入れて残りのソースをかけ、チーズ、パセリ、バターをちらす。オーブントースター（900W）で**10～12分**こんがりと焼く。

> **POINT**
> グラタン皿に、あらかじめバターを指で薄く塗っておくと、器に材料がこびりつきにくくなり後片付けがラク。

鶏のから揚げ

コツ カリッとジューシー、理想の味は「二度揚げ」でできる

おいしさのコツ

「低温」「高温」の二度揚げで失敗しない！

まず低温でじっくり揚げることで、肉をかたくせず中までしっかり火を通します。

そのあと、高温で一気に揚げれば、衣の水分がとんでカリカリに。

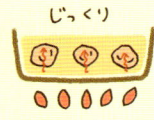

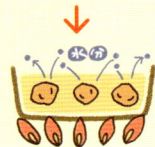

→油の処理はP111参照

材料（2人分）

- 鶏もも肉 …… 2枚（500g）
- A 卵 …… 1個
-   しょうが（すりおろす）… 1かけ
-   しょうゆ …… 大さじ1½
-   砂糖 …… 小さじ1
- 小麦粉 …… ½カップ
- 揚げ油 …… 適量
- グリーンリーフ …… 適量
- レモン（くし形切り）…… 1切れ

調理道具 26cm

「揚げものは怖い」と思っている人も、一度やってみると意外に簡単だとわかります

makiko

作り方

下ごしらえ

1 鶏肉は皮と身の間の余分な脂肪を取り除き、6等分に切ってボウルに入れる。

2 Aのしょうがはスプーンで皮をこそげ取り、すりおろしてボウルに入れる。残りのAを加え、汁けが少なくなるまでよくもみこむ。

> **POINT**
> 鶏肉は水分が多く味が入りにくいので、最初に調味料をよくもみこんでおきます。

3 小麦粉をふり入れて粉っぽさがなくなるまでよくまぜ、**10分**ほどおく。

揚げる

4 フライパンに揚げ油を2cm深さまで入れて**中火**で**低温 (160℃)**（はかり方はP111参照）に熱し、**3**を一度に入れる。

> **POINT**
> 鶏肉を入れていったん揚げ油の温度を120℃くらいまで下げてから、徐々に油と鶏肉の温度を上げていきます。

5 **強めの中火**で**5〜6分**かけて揚げる。鶏肉が揚げ油から少し出るようなら、菜箸でときどき上下を返す。色が薄いくらいで一度取り出す。

色はこれくらい

6 火を**1〜2分**強めて揚げ油の温度を**高温 (190℃)** に上げる。**5**を一度に入れて**1分**かけて揚げる。器に盛り、グリーンリーフ、レモンを添える

ここが大事！

> **POINT**
> 色よくカリッと揚げるなら、二度揚げがマスト！高温で外側の水けを一気にとばしてカリカリにします。

ひじきの煮物

> コツ
> 「2つのフタ」を使えば、つやつやふっくら「おふくろの味」！

おいしさのコツ

「外ブタ」「内ブタ」の二重構造でふっくら

乾物は均等に水分を含ませることでもどります。そのために必要な第一のフタが内ブタ（落としブタ）。ぬれたペーパータオルをのせれば、煮汁がまんべんなく対流し乾物にしみこみます。

↓

第二のフタ、外ブタで蒸気を逃がさないようブロックし、不要な乾燥を防ぎます。これで、扱いの難しい乾物もふっくら仕上げられます。

材料（作りやすい分量）

- 長ひじき（乾燥）………… 30g
- にんじん………… ½本（75g）
- 蒸しちくわ………… 2本
- ごま油………… 大さじ1

A まぜておく
- しょうゆ、酒 … 各大さじ2
- 砂糖………… 大さじ1
- 水………… 1カップ

調理道具 20cm
1時間以上

> これさえマスターすれば、乾物はお手のもの。ひじきご飯など、バリエも楽しんで

作り方

下ごしらえ

1 ひじきはさっと洗って汚れを落とす。水2カップを入れたボウルにひじきをつけ、**30分**ひたしてもどす。

2 ひじきが親指のつめで切れるくらいにやわらかくなったら、ざるに上げてペーパータオルで水けを拭く。

POINT 表面に水が残っていると煮汁が薄くなってしまうので、しっかりきっておきます。

3 ちくわは5mm厚さの輪切りにする。にんじんは皮をむいて、5cm長さ、1cm幅、2mm厚さの短冊切りにする。

短冊切り

炒める

4 鍋にごま油を**中火**で熱し、にんじん、ひじき、ちくわを順に加え、そのつど炒める。

POINT 油で炒めると水けがとんで味のしみこみがよくなり、コクも出ます。

煮る

5 全体に油が回ったら**A**を注ぐ。煮立ったらぬらしてかるく絞ったペーパータオルをかぶせ、さらにフタをして**弱火**で**15〜20分**煮る。

ここが大事！

POINT 乾物は味のしみこみに時間がかかるので、フタをして弱火でじっくり蒸し煮にするのがベスト。

6 フタを取り、**強めの中火**にして水けをとばしながら**3〜4分**火を通し、器に盛る。

ビミョーな悩みにお答え！
料理なんでも Q&A

今まで「何となく気になっていたけど誰にも聞けなかった」素朴な疑問を集めました。

Q 失敗！ 味が濃くなりすぎた！ こんなとき、どうリカバーすればいいの？

A 濃い味になってしまうのは、たいてい和食。以下の方法を覚えておくといいでしょう。汁物の場合は、濃い汁を少し捨てて水を足せばOK。または、キャベツや大根など水分の多い食材を加えても。炒め物や煮物なら、刻みごまをふって、舌に直接味が当たらないようにする手もあります。「どうしようもない…」とあきらめがちな炊きこみご飯も、とろろをかけたり大根おろしといっしょに食べると味が薄まってよい加減になりますよ。

Q ダイエット中なので、少しヘルシーにしたいのですが、どう調整したらいい？

A 「油」と「脂」をカットするのがいちばん有効。まずは使う油の量を2/3〜1/2にします。サラダ油は大さじ1あたり約110kcalなので、半分にすれば50kcal以上カットできます。また、肉の脂分を減らすために、鶏肉なら皮を除いたり豚肉ならももやヒレなど脂肪の少ない部位に替えるなどのひと工夫を。あまりストレスがたまらないよう、毎日いろいろな野菜のサイドメニュー（レッスン4）をつけて食卓を楽しくしましょう。

Q お客さんが来るから4人分作りたいんだけど単純に量を2人分から倍にすればいいの？

A 野菜や肉など、素材の量は単純に倍にしてもOKです。ただ、調味料や水は、ひとまず1.5倍の量を加えます。なぜならいつもの鍋に倍の量の素材が入ると、少ない煮汁でも素材がかぶるくらいの量になってしまうから。そのためレシピどおりの加熱時間にしても思うように水分がとばず、思いのほか味がしっかり行き渡ってしまうのです。まず1.5倍から始めて、調節していきましょう。

**Q いつも、もたもたしちゃう…。
手際よく、てきぱき作れるようになりたい！**

A もちろん慣れていないことも原因の一つですが、もたもたしてしまうのは「準備不足」のせいかもしれません。たとえばテレビの料理番組を思い出してみて。調味料と材料をすべて事前にはかって用意してありますよね。「作りながら用意する」とどうしてもあせってしまうので、必要な素材や調味料をすべて出しておくようにしましょう。キッチンが狭ければ、キッチン以外の場所も使って食材や調味料を準備してみてください。

Q 「簡単レシピ」を作ったのに、時間もかかったしあんまりおいしくできなかった…。なんで？

A レシピが短いとつい「簡単そう！」と思ってしまいがちですが、そこがじつは落とし穴。実際作ってみると簡単に書かれすぎて「ここでは何をするの？」と迷ってしまい、結果、まったく時短にならなかったり間違ってしまったりすることもあるでしょう。今まで料理が上手に作れなかったという人は、自分に合わない料理本を選んでいたからかもしれません。最初は少し面倒かもしれませんが、プロセスが詳しくわかるレシピを使うと、確かな力がついていきます。

**Q メインもサイドメニューも一気に作るのは大変。
どうすれば効率よくできる？**

A 献立が決まったら、まずはメイン料理の下処理からスタート。素材をゆでて冷ましておく、長時間煮こむなど、時間のかかる工程がないか、レシピを読んで確認しておきましょう。そのあとに、サイドメニューの下処理。とにかく「切るものはすべてあらかじめ切っておく」を行動指針にすると、まな板や包丁がしまえることもあり、キッチンスペースも広くとれます。加熱調理が始まったときにあわてずてきぱき動けますよ。

**Q もっとレパートリーを広げたいんだけど
レシピサイトを見るといい？**

A もちろんサイトを見てもよいですが、この本からもレパートリーは広げられます。定番をしっかり覚えたら、まずは調味料やスパイスのアレンジから始めてみてください。たとえばP42の野菜炒めの場合、カレー粉を加えたり、刻んだにんにくを入れたりするだけでも一気に風味が変わります。だんだん料理に慣れてきたら、大根をにんじんにかえる、キャベツを白菜にかえるなど食材の入れ替えも楽しんで。その場合、食材ごとの特徴を踏まえて考えましょう。この方法なら、定番レシピという土台があるので、どんなアレンジでもちゃんとおいしく仕上がりますよ。

LESSON 3

大人気！
何度も食べたい
定番メイン料理

しょうが焼き、とんカツ、魚の煮つけ、……。
レッスン3では、いわゆる「ごはんのおかず」
つまり献立の柱になる、メイン料理を集めました。
これが決まれば、食卓は一気に華やぎます。
でも「よく食べるけど、どうやって作るの？」と
悩んでしまうのもメイン料理。
ひとまず、このレシピどおりに作ってみて
材料や手順、コツを覚えたら
2回目からは自分なりのアレンジを加えてみて。
それをくり返していけば、いつの間にか
「私の定番レシピ」になっているはずです。

材料 (2人分)

- 豚肩ロース肉 (しょうが焼き用) ……… 250g
- しょうが ……………………… 2かけ
- A しょうゆ …………… 大さじ1½
- 　みりん ……………… 大さじ1
- 　砂糖 ………………… 小さじ1
- 玉ねぎ …………… ½個 (100g)
- サラダ油 …………… 大さじ1
- 小麦粉 ……………… 小さじ1
- グリーンリーフ ……………… 適量

コツ
「あとふり小麦粉」で肉が驚くほどやわらか！
たれがからんでうまみが引き立つ

豚肉の しょうが焼き

調理道具
26cm

作り方

下ごしらえ

1 しょうがはスプーンで皮をこそげ取り、すりおろしてボウルに入れる。**A**を加えてまぜあわせる。

しょうが1かけはこれくらい

2 玉ねぎは繊維を断つように1cm幅に切る。

焼く

3 フライパンに油を**中火**で熱し、豚肉をざっと広げて入れる。まわりに玉ねぎを入れ、動かさずに**2〜3分**焼く。

POINT 豚肉はきれいに広げすぎないほうが、やわらかく仕上がります。

4 ここが大事！ 肉の周囲の色が変わってきたら、豚肉に小麦粉をふって裏返し、そのまま動かさずに**2分**焼く。

POINT 小麦粉はざっとふる程度でOK。あえてきちんとまぶさないことで、たれがからみやすくなります。

たれをからめる

5 1を加えて**強めの中火**にし、玉ねぎとともに上下を返しながら、汁けがほぼなくなるまでたれをからめる。器に盛り、ちぎったグリーンリーフを添える。

POINT フライパンの底が見えるくらいになればOK。

Q&A 余ったしょうがはどうすれば？

しょうがは水分をペーパータオルでよく拭き取り、かるくラップに包んで冷蔵庫で保存を。しょうがのみじん切りと、これも余りがちなはちみつとをまぜておくと、ソーダ割りにしたりヨーグルトにかけたりとたっぷり楽しめますよ。

サーモンの ムニエル

コツ
くさみ取りと小麦粉がポイント。バターがからんでカリッと焼け、鮭のうまみを丸ごと味わえる

調理道具 26cm

⊙ 材料（2人分）
- 生鮭の切り身……2切れ（240〜250g）
- A 塩……………………………小さじ⅔
-   こしょう…………………………少々
-   白ワイン………………………小さじ2
- パセリ……………………………適量
- 小麦粉……………………………大さじ1
- サラダ油…………………………小さじ2
- 白ワイン…………………………大さじ1〜2
- バター………………………………10g
- きぬさや(ゆでる)…………………適量
- ミディトマト(輪切り)……………適量
- レモン(くし形切り)………………2切れ

作り方

下ごしらえ

1 鮭はAを順にふって室温に**10分**おく。パセリはみじん切りにする。

POINT 生鮭は脂がのっていて味が入りにくいので、下味をつけておきます。

2 ペーパータオルで鮭の水けを拭く。

POINT 鮭特有のくさみが出てくるので、しっかりと拭き取って。

3 焼く直前に鮭に小麦粉をまぶし、余分な粉をはたく。

POINT 粉がかたまっていると、焼きムラができたり焼いているうちにはがれてしまうので、薄く、まんべんなく鮭にまぶしつけましょう。

焼く

4 フライパンに油を**中火**で熱し、盛りつける面を下にして鮭を入れる。**4分**焼き、裏返して**2〜3分**焼く。

5 フライパンを火からおろし、ペーパータオルで余分な脂を8割くらい拭く。

ここが大事！

POINT フライパンに出た脂や水分には鮭のくさみが含まれているので、仕上げのバターをからめる前に拭き取っておきます。

6 再び**中火**にかけて白ワインを回し入れ、煮立ったらパセリ、バターを入れる。スプーンでバターをかけながら**1〜2分**からめる。器に盛り、きぬさや、トマト、レモンを添える。

ポークロール ソテー

> コツ
> バターは最後に入れること。
> たったこれだけで一気にごちそうに！

調理道具
26cm

材料（2人分）

- 豚肩ロース薄切り肉 …… 6枚（120g）
- グリーンアスパラガス ………… 6本
- 小麦粉 ………………… 大さじ1
- サラダ油 ……………… 小さじ2
- A（まぜておく）
  - しょうゆ、水 ……… 各大さじ1
- バター ………………………… 5g

作り方

下ごしらえ

1 アスパラガスは乾いた切り口を落とす。下から1/3〜1/2くらいのかたい部分の皮をところどころピーラーでむき、長さを半分に切る。

POINT 口当たりや火の通りが悪くなるので、かたい皮はむいておきます。

巻く

2 豚肉は斜めにおき、アスパラガス2本をのせる。

3 肉の両端からアスパラガスが少し出るように手前から巻き、ギュッと押さえる。残りも同様にし、小麦粉を全体にまぶす。

POINT 小麦粉をまぶしておくと、はがれにくくなり味がよくからみます。

焼く

4 フライパンに油を**中火**で熱し、**3**を巻き終わりが下になるように入れる。焼き色がつくまで**3分**焼き、裏返してさらに**3分**焼く。

5 **A**を回し入れて味をからめる。

6 バターを加えてからめたらすぐ火を止め、器に盛る。

POINT バターは最後に加えると、風味がぐんとよくなります。

> **コツ** 冷たい油からの「じわじわ焼き」で肉の温度をじっくり上げるとやわらかジューシーに

シンプルポークソテー

調理道具 26cm

材料（2人分）
- 豚肩ロース肉（とんかつ用） ………… 2枚（250g）
- 塩 ……………… 小さじ¼〜⅓
- 粗びき黒こしょう ……… 少々
- サラダ油 ……………… 小さじ1
- 蒸し野菜 ………… 適量（P46参照）
- ゆずこしょう、粒マスタード ……………… 各適量

作り方

1 筋を切る
豚肉は焼く**30分前**に冷蔵庫から出して室温におく。脂身と赤身の境目に**4〜5か所**切り目を入れて縮みを防ぐ。

2 包丁でたたく
焼き縮みを防ぐため、包丁の峰（背）で表裏を格子状に**50回**ずつたたき、水分があるようならペーパータオルで水けを拭く。両面に塩、粗びき黒こしょうをふり、**10分**おく。

3 焼く 〈ここが大事！〉
フライパンに豚肉を盛りつける面を下にして入れ、油を回しかけてから**中火**にかける。そのまま**5〜6分**焼く。

4 
裏返して**4分**焼いたら、フライパンから出し**1分**おく。器に盛り、蒸し野菜、ゆずこしょう、粒マスタードを添える。

> **コツ**
> 皮目からの「じわじわ焼き」で
> 皮はパリッ、身はしっとりと焼き上がる

鶏肉のソテー ねぎソース

調理道具 26cm

● 材料（2人分）

鶏もも肉	2枚（500g）
塩	小さじ½
こしょう	少々
A ねぎ（みじん切り）	½本（50g）
しょうが（みじん切り）	½かけ
豆板醤	小さじ¼
しょうゆ、酢、サラダ油	各大さじ2
砂糖	大さじ1
塩	小さじ½
サニーレタス	適量
にんじん（せん切り）	適量

作り方

1 下ごしらえ
鶏肉は焼く**30分前**に冷蔵庫から出して室温におく。皮と身の間の余分な脂肪を取り除き、筋を切る。
身の厚い部分に包丁を寝かせて入れて開き、両面に塩、こしょうをふって**10分**おく。

2 焼く ここが大事！
鶏肉の皮目を下にしてフライパンに入れてから**中火**にかける。

3 
鶏肉を木べらでかるく押し、脂が出てきたらペーパータオルで拭きながら、**強めの中火**にして**6〜7分**焼く。
裏返して**中火**で**4分**焼く。鶏肉に竹串を刺し、手の甲にあて温かければOK。フライパンから出し**1分**おく。

4 ねぎソースを作る
ボウルにAをまぜあわせる。ちぎったサニーレタスとにんじんをあわせて添え、鶏肉を食べやすく切って盛り、Aをかける。

あじの フライパン塩焼き

厚みのある魚でも「全方位焼き」ならしっかり中まで火が通り、皮もパリパリ！

調理道具: 26cm

● 材料（2人分）
- あじ……………2尾（正味250g）
- 塩………………小さじ½
- サラダ油………小さじ1
- レモン（くし形切り）………2切れ
- 大根おろし……適量
- しょうゆ………適量

作り方

あじをおろす

1 まな板の上に新聞紙を敷く。あじは尾から頭に向かって包丁の先を動かし、両面のうろこを取る。
尾のつけ根から包丁を寝かせて入れ、ぜいごをそぎ取る。裏側も同様にする。

POINT ぜいごとは、尾の近くにある鋭くてかたいうろこのこと。

2 尾を切り、胸びれのすぐ下の、頭のつけ根に包丁を入れ、頭を切り落とす。

3 腹の厚みの半分のところに包丁を寝かせて入れ、縦に切りこみを入れて内臓（ワタ）をかき出す。
水を入れたボウルの中で汚れを洗い、ペーパータオルで水けを拭く。頭、尾、ワタは新聞紙に包んで捨てる。

POINT あじを水に長くひたしていると身が水っぽくなるので、手早くさっと洗いましょう。

4 塩をふって室温に**20分**おいたら、ペーパータオルで表面の水けを拭く。

焼く

5 フライパンに油を入れて**中火**で熱し、盛りつけるほうを下にしてあじを入れる。**強めの中火**で**4〜5分**焼く。

中 → 強めの 中

POINT 焼いている間に動かすと皮が破れてしまうので、動かさずにじっくり焼きましょう。

6 途中、出てきた脂をペーパータオルで拭く。裏返す前に、背側にも熱が伝わるように木べらでフライパンの縁に当て、焼き色をつける。裏返して**3〜4分**焼く。器に盛り、水けをきった大根おろしにしょうゆをかけ、レモンを添える。

ここが大事！　中

POINT 出てきた脂をこまめに拭くと生ぐさくありません。

羽つき肉餃子

> パリパリの羽の秘密はひとさじの粉チーズ。
> 時間がたってもカリッとした食感が続く

調理道具 26cm

材料（24個分）

餃子の皮	1袋（24枚）
キャベツ	1/8個（150g）
塩	小さじ1
A 豚ひき肉	200g
しょうが（すりおろす）	1かけ
にんにく（すりおろす）	1かけ
水	大さじ2
しょうゆ	大さじ1
ごま油	小さじ1
B 水	1/2カップ
粉チーズ	小さじ1
小麦粉	大さじ1
サラダ油	大さじ1
ごま油	小さじ1
C（まぜておく）	
豆板醤	小さじ1/2
酢	大さじ2

作り方

たねを作る

1 キャベツは芯を切り、葉を外側と内側に大まかに分ける。それぞれを上から押しつぶし、斜めに5mm幅に切ってから、縦に5mm幅に切り、粗みじんにする。ボウルに入れて塩をふり、**2分**もみまぜ、そのまま**10分**おいて水けをしっかりと絞る。

2 ボウルに**A**を入れ、指先でざくざくとつかむようにまぜる。材料がある程度まざったら手を回して指先で**2分**練りまぜる。
水けを絞った1を加えてさらに**1分**まぜたら、バットに入れて平らにし、24等分にする。

POINT この時点で肉の脂が溶け出すのを防ぐため、手のひらの熱がひき肉に伝わらないよう、指先を使って練りまぜて。

包む

3 餃子の皮の中央にたね1/24量をのせ、縁に指でぐるりと水をつけたら、手前から半分に折って左端をつまみ、向こう側の皮にひだを4〜5個寄せて口を閉じる。残りも同様に包む。

ひだはこう作る

羽を作る

4 小さめの器に**B**をまぜあわせる。

ここが大事！

POINT 粉チーズを加えるとカリカリ感が持続。うまみもアップし、こんがりとした焼き色になります。

焼く

5 フライパンにサラダ油を**中火**で熱し、餃子をぎっしりと並べる。**強めの中火で2〜3分**焼いたら、フライパンの縁から内側に向かって**B**を回し入れる。
フタをして水けがなくなるまで**中火**で**5〜6分**蒸し焼きにする。

中 → 強めの中

6 水分がなくなってきたらフタを取ってそのまま**1〜2分**焼く。ごま油を回し入れ、フライパンの縁のあたりがきつね色になるまで**強めの中火で2分**焼く。
フライパンの直径よりもひと回り小さいお皿をかぶせ、ひっくり返して餃子を取り出す。**C**のたれにつけていただく。

中 → 強めの中

POINT 仕上げに入れるごま油の効果で、餃子の底がパリッと焼け、風味がぐんと増します。

いわしの かば焼き

> **コツ** いわしは身のほうから焼くのが鉄則。揺すりながら煮汁をからめると身がくずれない

⊙ 材料（2人分）
- いわし……… 4尾（正味250〜300g）
- 小麦粉………………… 大さじ3
- サラダ油……………… 大さじ1

A （まぜておく）
- みりん………………… 大さじ3
- しょうゆ、水………… 各大さじ2
- 砂糖…………………… 小さじ1
- 粉山椒………………… 少々

調理道具 26cm

作り方

いわしを手開きする

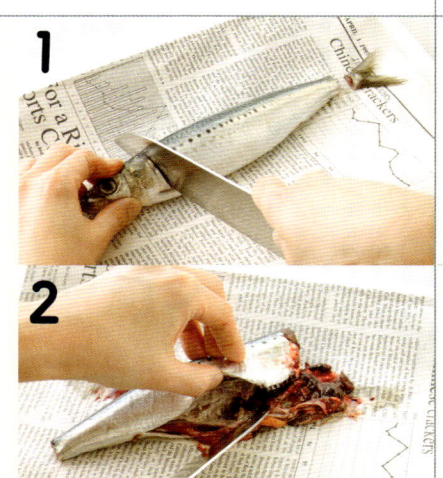

1 まな板の上に新聞紙を敷く。いわしは包丁を尾から頭に向かってこすり、うろこを取る。尾と頭は切り落とす。

2 腹に切りこみを入れて内臓(ワタ)をかき出す。腹の内側を冷水で洗い、ペーパータオルで水けを拭く。頭、尾、ワタは新聞紙に包んで捨てる。

POINT 水に長くつけると鮮度が落ちるので、冷蔵庫で冷やしておいた冷水か冷たい水道水でさっと洗います。水温の高い夏場は氷水を使って。

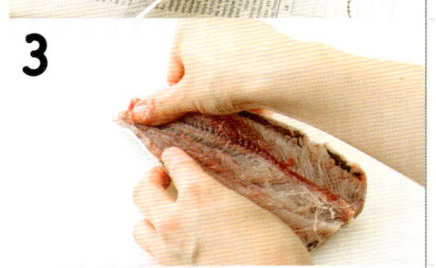

3 中骨と身の間に親指を立て、頭から尾に向かって骨に沿って親指を上下に動かし、身を少しずつ開く。

POINT いわしは身がやわらかく、小さな骨が多いので、手で簡単にさばくことができます。

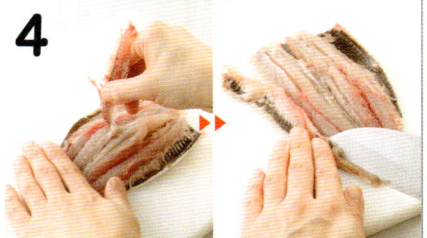

4 身を押さえ、中骨を尾から頭に向かってゆっくり、ていねいにはがす。包丁で腹骨をそぎ切る。

粉をまぶす

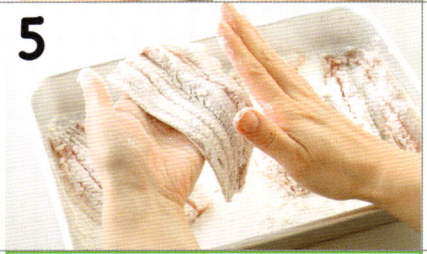

5 小麦粉をまぶしつけ、余分な粉をはたく。

焼く

6 フライパンに油を**中火**で熱し、身を下にして入れる。**3分**焼き、裏返して**2分**焼く。一度火からおろしてペーパータオルで余分な脂を拭き、**A**を回し入れる。
再び**中火**にかけ、フライパンを揺すり、スプーンで煮汁をかけながら**2分**からめる。器に盛り、粉山椒をふる。

POINT 皮を先に焼くと身が縮んでしまうので、必ず身を先に焼きましょう。

> コツ
>
> 揚げない。なのにパリッパリ。
> フライパンで焼くだけで本格派の味

春巻き

調理道具 26cm

材料（10本分）

- 春巻きの皮 …………… 10枚
- 豚もも薄切り肉 …………… 100g
- **A** （まぜておく）
  - しょうゆ、片栗粉、ごま油 …………… 各小さじ1
- ピーマン …………… 2個（60g）
- ゆでたけのこ …………… 50g
- 春雨 …………… 30g
- ごま油 …………… 大さじ1
- **B** （まぜておく）
  - オイスターソース …………… 小さじ2
  - しょうゆ …………… 小さじ1
  - 水 …………… ½カップ
- **C** （まぜておく）
  - 小麦粉、水 …………… 各大さじ1
- サラダ油 …………… 大さじ6
- 練り辛子 …………… 適量

作り方

1 たねを作る
豚肉は1cm幅に切ってボウルに入れ、**A**をからめて**10分**おく。

1cm幅　5mm幅

2
ピーマンは縦半分に切ってヘタと種を取り、斜めに5mm幅に切る。たけのこは5mm幅に切る。

POINT
ピーマンとたけのこは太さをそろえて切ると、全体の食感がよくなります。

5mm幅

3
フライパンにごま油を**中火**で熱したら、**2**を入れて広げ、**1**を汁ごと加える。動かさずに**2分**焼き、上下を返して**1分**炒め、**B**を加える。

4
煮立ったら春雨を加え、上下を返しながら、完全に水けがなくなるまで炒める。
バットに入れて粗熱をとり、10等分にする。

POINT
春雨に煮汁を吸わせておけば春巻き全体がベチャッとなりません。

5 巻く
春巻きの皮の真ん中より少し手前に、たね1/10量を横長にのせ、皮の手前を折ってひと折りする。
皮の両端を内側に折りこんで端まで巻き、巻き終わりの縁の部分に**C**を薄く塗ってくっつける。残りも同様に包む。

6 揚げ焼きにする
フライパンに**5**を5本並べ、全体にサラダ油大さじ3をふりかける。
そのまま**中火**にかけ焼き色がつくまで**4〜5分**焼き、裏返して**3〜4分**焼く。残りも同様に焼いて器に盛り、練り辛子を添える。

ここが大事！

POINT
春巻きは手間のかかるイメージがありますが、フライパンで焼けば簡単。しかも皮のバリバリ感はそのままです。

サーロインステーキ

> せっかくの高いお肉を、失敗せずに焼く極意は「冷たいまま焼かない」こと

材料 (2人分)

- 牛サーロイン肉
  - (1.5cm厚さ、1枚200gくらいのもの) ‥‥2枚
- 塩‥‥‥‥‥‥‥‥‥‥‥‥小さじ⅔
- 粗びき黒こしょう‥‥‥‥小さじ¼
- サラダ油‥‥‥‥‥‥‥‥‥‥適量
- A (まぜておく)
  - 赤ワイン‥‥‥‥‥‥‥½カップ
  - しょうゆ、はちみつ‥‥各大さじ2
  - 粒マスタード‥‥‥‥‥大さじ1
- バター‥‥‥‥‥‥‥‥‥‥10g
- さやいんげん (ゆでる)‥‥‥‥適量

調理道具: 26cm

作り方

下ごしらえ

1 牛肉は焼く**30分前**に冷蔵庫から取り出し、室温におく。

> **POINT**
> 冷たいまま焼くと、肉の中心に火が通らず、肉の表面だけ焼けてしまうので注意して。

2 焼く直前に、肉を塩こしょうでサンドする。大きめのバットに塩小さじ1/3、粗びき黒こしょう少々をふって牛肉を入れ、その上に残りの塩小さじ1/3と粗びき黒こしょう少々をふる。

焼く

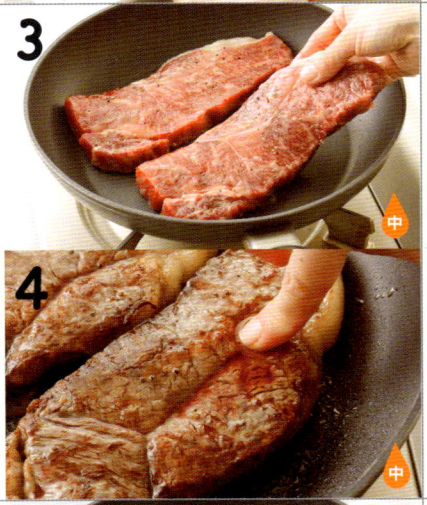

3 フライパンにペーパータオルで油を薄く塗って**中火**で熱し、盛りつける面を下にして肉を入れる。

4 そのまま**2分**、裏返して**2分**焼く。肉を指で押して、肉汁がうっすら赤くにじむくらいがミディアムの焼き加減。取り出して器に盛る。

> **POINT**
> 火加減は中火がベスト。徐々に肉の温度を上げていくほうが、やわらかく仕上がります。

ソースを作る

5 ペーパータオルでフライパンの汚れをさっと拭き、**A**を入れて**中火**で**4〜5分**煮立てる。冷たいバターを加えて全体にとろみが出たら火を止め、**4**にかける。

> **POINT**
> 冷たいバターのほうが脂分と水分がまじりあう「乳化」を起こしやすいので、ソースにまとまりが出てとろみもつきます。

Q&A 肉の焼き加減ってほかに何があるの？

ミディアムレア
中心がまだ赤い状態。中火で1分30秒、裏返して1分30秒焼く。

ミディアム
中心がうっすらピンク色の状態。中火で2分、裏返して2分焼く。

ウェルダン
中心まで火が通っている状態。中火で3分、裏返して3分焼く。

えびのチリソース

> **コツ** 仕上げに卵を入れることで まろやかな辛味のとろとろソースに

調理道具 26cm

材料（2人分）

- えび（殻つき）……… 18〜20尾（250g）
- ねぎ……………………… ¼本（25g）
- ミニトマト………………………… 4個
- A
  - 片栗粉………………………… 大さじ2
  - 塩……………………………… 小さじ1
- B（まぜておく）
  - 酒、片栗粉………………… 各小さじ2
  - 塩……………………………… 少々
- ごま油、豆板醤…………… 各小さじ1
- サラダ油……………………… 大さじ2
- C（まぜておく）
  - しょうが（すりおろす）…………… ½かけ
  - にんにく（すりおろす）…………… ½かけ
  - トマトケチャップ……………… 大さじ5
  - みそ…………………………… 大さじ2
  - 砂糖…………………………… 大さじ1
  - 片栗粉………………………… 小さじ1
  - 水…………………………… ½カップ
- 卵………………………………… 1個

作り方

下ごしらえ

1 ねぎはみじん切りに、トマトはヘタを取って4等分に切る。

2 えびは殻をむいて尾を取る。背に切り目を入れ、あれば背ワタを取り、ボウルに入れる。

POINT 背に切り目を入れると、えびの表面積が広くなり、チリソースがよくからみます。

3 2にAをふって**1分**もみ、さっと洗ってペーパータオルで水けを拭く。B、ごま油を順にからめる。

POINT 塩はえびのくさみを引き出し、片栗粉は出てきたくさみを吸着する働きが。

焼く・チリソースをからめる

4 フライパンにサラダ油を**中火**で熱し、豆板醤を炒める。香りが立ったらえびを加え、表裏を**1分**ずつ焼く。
えびがプリッとしたら縁に寄せる。木べらを動かしながら中央の空いたところにCをまぜ直してから注ぎ、少しとろみがついたら全体をまぜあわせる。

POINT 合わせ調味料は全体に回しかけるよりも、中央に注いでとろみをつけたほうがえびにからみやすくなります。

5 1を加え、**1分**煮立てる。

6 小さめの器に卵を割りほぐし、回し入れる。木べらで大きくまぜて半熟状になったら器に盛る。

チンジャオロースー

> コツ
> 「ほったらかし焼き」にすれば家の火力でも中華料理のシャキシャキ感が！

調理道具　26cm

材料（2人分）

- 牛薄切り肉（バラ、ロース、ももなどの焼き肉用）……150g
- **A**（まぜておく）
  - 酒、しょうゆ、片栗粉、ごま油……各小さじ1
- しょうが……½かけ
- ねぎ……¼本（25g）
- ゆでたけのこ……50g
- ピーマン……3個（90g）
- サラダ油……大さじ2
- **B**（まぜておく）
  - オイスターソース、しょうゆ……各小さじ1
- ごま油……小さじ½

作り方

下ごしらえ

1 牛肉は5mm角の棒状に切り、**A**をからめて**5分**おく。

5mm幅　5mm幅

2 しょうがはスプーンで皮をこそげ取り、ねぎとともにみじん切りにする。たけのこは5mm幅に切る。ピーマンは縦半分に切ってヘタと種を取り、5mm幅に斜めに切る。

POINT
材料は大きさをそろえて切ると食感もそろい、食欲をそそる見た目に。

炒める

3 フライパンにサラダ油大さじ1を**中火**で熱し、1を汁ごと入れて**1分**焼く。肉の色が8割くらい変わったらざっと上下を返し、さらに**1分**焼いて取り出す。フライパンの油をペーパータオルでさっと拭く。

4 残りのサラダ油大さじ1を入れて**中火**で熱し、しょうが、ピーマン、たけのこを順に加えて広げ、そのまま**2分**焼く。

ここが大事！

POINT
やたらかき回すのではなく、レシピの言葉どおり「焼く」を意識して。そうすれば熱が効率よく伝わり水っぽくなりません。

調味料をからめる

5 上下を返して**1分**炒めたら、**B**を加えて**1分**炒め全体に味をからめる。

6 ねぎと、かるく汁けをきった**3**を加えて**強火**にして全体に味がなじむまで炒める。ごま油をふり、さっとまぜて器に盛る。

POINT
仕上げにねぎ、ごま油を加えることで、風味がグンとアップ！

麻婆豆腐

> **コツ** 豆腐をよけて、水溶き片栗粉を入れるとムラなくとろみがつき、豆腐もくずれない

調理道具 26cm

⊙ 材料（2人分）

木綿豆腐	1丁（300g）
豚ひき肉	100g
ねぎ	½本（50g）
しょうが	½かけ
サラダ油	大さじ1
テンメンジャン	大さじ2
豆板醬	小さじ1

A（まぜておく）

水	½カップ
しょうゆ	大さじ1½
酒	大さじ1

B（まぜておく）

水	大さじ2
片栗粉	大さじ1
ごま油	小さじ1

作り方

下ごしらえ

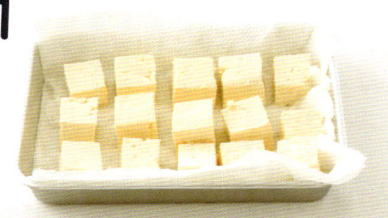

1 豆腐は2〜3cm角に切る。ペーパータオルを敷いたバットに並べ、**10分**ほど水きりする。

2 しょうがはスプーンで皮をこそげ取り、ねぎとともにみじん切りにする。

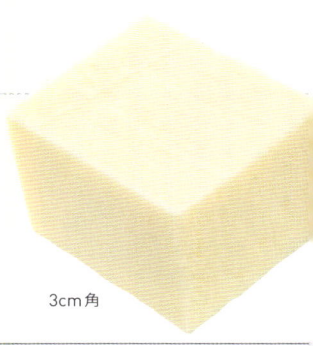

3cm角

炒める

3 フライパンにサラダ油を**中火**で熱し、しょうが、テンメンジャン、豆板醤を炒める。

POINT 香り、辛み、コクの3つがそろった中華調味料・テンメンジャンを使うと本格的な味わいに。

4 香りが立ったらひき肉を加え、ポロポロになるまで炒めたら、ねぎを加えてざっとまぜ、**A**を注ぐ。

煮る

5 煮立ったら**2**の豆腐を加え、フライパンを揺すりながら**2分**煮る。

POINT 豆腐は形がくずれやすいので、フライパンを揺すりながら煮汁をからめましょう。

とろみをつける

6 木べらで豆腐を外側に寄せてフライパンの中央をあけ、**B**をもう一度まぜてから木べらを目がけて加える。すぐに木べらを細かく動かし、とろみがついてきたら全体をまぜあわせ、ごま油をふり入れ器に盛る。

ここが大事！

POINT 水溶き片栗粉を豆腐に直接かけるとダマになりやすいので、先に煮汁に入れるのがポイントです。

いかの
ワタバター炒め

> コツ
> 1ぱい丸ごと使いきる濃厚メニュー。
> キッチンばさみなら、失敗なしでいかがさばける!

調理道具 26cm

● **材料(2人分)**

するめいか
　　　　1ぱい(250〜300g)
にんにく(半分に切って薄切り)‥‥1かけ
赤唐辛子(半分にちぎる)‥‥‥‥1本
サラダ油‥‥‥‥‥‥‥‥‥大さじ1
バター‥‥‥‥‥‥‥‥‥‥‥10g
A しょうゆ‥‥‥‥‥‥‥‥小さじ1
　 こしょう‥‥‥‥‥‥‥‥‥少々
レモン(くし形切り)‥‥‥‥‥‥¼個

作り方

いかをさばく

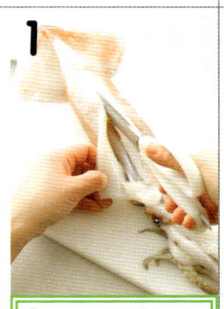

1 いかの胴の中央にキッチンばさみを入れ、ワタを破らないように胴の先まで切る(詳しいさばき方はP184参照)。

2 キッチンばさみでワタと胴を少しずつ切り離す。胴についた軟骨を取り除き、胴とエンペラ(三角部分)を切り離し、さっと洗ってペーパータオルで水けを拭く。胴とエンペラは包丁で縦半分に切り、1.5cm幅に切る。
ここが大事!

3 目の上にキッチンばさみを入れてワタを切り離す。目と目の間に切りこみを入れてくちばしと目を取る。足は吸盤を切って2本ずつに切り分け、長さを半分に切る。ワタから墨袋を取ってボウルに入れ、2〜3つに切る。

炒める

4 フライパンに油、にんにくを**中火**で熱し、香りが立ったら赤唐辛子、ワタを入れて**1分**炒める。いかを加えて**2分**ほど炒める。いかの色が変わりプリッとしたらバターを入れてからめ、**A**をふる。器に盛り、レモンを添える。

> コツ
> 調味料はまぜずに、順番にかけると口の中でいろいろな味を楽しめる

鯛のカルパッチョ

◉ 材料（2人分）

鯛（さく）	150g
紫玉ねぎ	1/8個（25g）
ミニトマト	3個
ミックスナッツ	適量
ベビーリーフ	10g
A オリーブ油	大さじ1
塩	小さじ1/4
こしょう	少々
バルサミコ酢	大さじ1

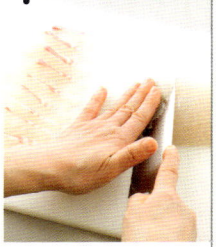

作り方

切る

1 鯛は身の薄いほうを手前に置き、左手で身を押さえながら薄いそぎ切りにする。器に身の幅の広いほうを外にして円を描くように並べる。

2 玉ねぎは繊維に沿って薄切りに、トマトはヘタを取って4つ割りに切る。ナッツは粗く刻む。

盛りつけ

3 玉ねぎとベビーリーフをあわせて1にのせ、トマトをちらす。

4 〈ここが大事！〉Aを順にかけ、ナッツをちらす。

あさりの酒蒸し

コツ:「口が開いたらすぐ取り出す」
これであさりがふっくら＆うまみをキープ

◉ 材料（2人分）
あさり …… 300〜350g（20〜25個）
A （まぜておく）
　酒、水 ………………… 各大さじ3
小ねぎ（小口切り）………………… 3本

調理道具 26cm

作り方

下ごしらえ

1 2〜3%の塩水（水100mlに対して塩小さじ½）を200ml分（塩小さじ1）作る。

2 あさりはよく洗ってバットに入れ、あさりの蝶番（ちょうつがい）がつかるくらいまで1を注ぐ。アルミホイルをかぶせ、室温に**30分以上**おいて砂をはかせる。

POINT 蝶番とは貝の口のこと。あさりがすんでいた海の浅瀬を再現して砂をはかせます。

3 真水で殻と殻をこすりあわせるようにして洗い、水けをきる。

POINT 貝がはき出した砂やぬめり（汚れ）が殻に付着するので、それをこすりあわせて落とします。

蒸す

4 フライパンにあさりとAを入れ、フタをして**中火**で熱し、煮立ってきたら口が開いたものから取り出す。

POINT 最後まで取り出さないと、先に開いたあさりの身がかたくなり、おいしさが蒸し汁に逃げてしまいます。

5 最後のあさりが口を開いたら、4をフライパンに戻し入れてねぎを加えてまぜ、汁ごと器に盛る。

POINT 最後にあさりのうまみがたっぷり出た蒸し汁をからめておいしさアップ。

MINI COLUMN

貝の砂抜き方法

あさりは、上のような環境を作ると、すんでいる浅瀬と勘違いして砂をはきます。はまぐりも同じ方法が使えますが、しじみの場合は淡水の生き物なので、塩水ではなく真水を使って。

シンプル茶碗蒸し

> コツ
> 蒸し器がなくても鍋で作れる！
> フタをずらして弱火でじっくりが成功のカギ

調理道具
24cm

⊙ **材料（茶碗2個分）**

卵	2個
三つ葉	4本
かまぼこ(1cm厚さのもの)	2枚 (40g)
鶏ささ身	1本 (50g)
片栗粉	小さじ1

A （まぜておく）
- だし汁(P183参照)……1½カップ
- みりん、うす口しょうゆ 各小さじ1
- 塩……小さじ¼

ゆずの皮……適量

作り方

下ごしらえ

1 三つ葉は根元を切って2cm長さに切る。かまぼこ、ささ身はともに1cm角に切る。ささ身に片栗粉をふると、まわりが水っぽくならずなめらかに。

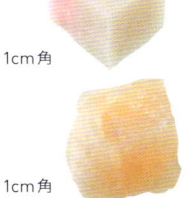

1cm角

1cm角

卵液を作る

2 ボウルに卵を割り入れ、菜箸を底につけたまま左右に動かし、泡立てないようにまぜる。冷ましたAを少しずつ加えてしっかり溶き、卵白と卵黄を一体化させる。

3 ざるで**2**をこす。

> **POINT**
> 舌ざわりをよくするため、卵液は必ずこしましょう。

4 かまぼこは飾り用に少し残しておく。器にかまぼことささ身を½量ずつ入れ、**3**を½量ずつ注ぐ。

蒸す

5 鍋に水を2cm深さまで注ぎ、**4**を入れて**中火**にかける。鍋のフタをふきんで包み、沸騰したらフタをして**強火**にする。

中 → 強

> **POINT**
> フタの裏側についた水滴が茶碗蒸しに落ちないよう、フタは必ずふきんで包みましょう。

6 **1分**たったところでフタを開け、茶碗蒸しの表面が白く変わっていたら、フタを少しずらしておき、**弱火で8〜10分**蒸す。器を取り出し、飾り用のかまぼこ、三つ葉、細く切ったゆずの皮をのせる。

弱

ここが大事!

> **POINT**
> 蒸し加減を確認するときは、火を止めて取り出し、茶碗を少し揺らします。表面が揺れなかったらOKです。

シンプルカレー

コツ：「薄切り」「くし形切り」2つの玉ねぎがあればルーなしでもコクが出せる

調理道具：20cm

材料（2〜3人分）

豚もも肉（2〜3cm角のカレー用）……300g

A（まぜておく）
- プレーンヨーグルト……½カップ（110g）
- りんごジャム……大さじ2
- しょうが（すりおろす）……1かけ
- にんにく（すりおろす）……1かけ
- カレー粉……小さじ1
- 塩……小さじ½
- こしょう……少々

じゃがいも……2個（正味300g）
玉ねぎ……1個（200g）
サラダ油……大さじ4
カレー粉……大さじ2
小麦粉……大さじ3

B（まぜておく）
- トマトジュース（有塩）……1カップ
- 塩……小さじ1

塩、こしょう……各少々
温かいご飯……茶碗2杯分（400g）

作り方

下ごしらえ

1 豚肉にAをもみこむ。

> **POINT**
> ヨーグルトの乳酸菌とりんごの糖分のおかげで、長く煮こんでも豚肉がかたくなりません。

2 じゃがいもは皮をむいて3cm角に切り、水に**5分**さらす。

じゃがいも3cm角

3 玉ねぎは縦半分に切り、½個は繊維を断つように薄切りに、残りは8等分のくし形切りにする。

> **POINT**
> 薄切りの玉ねぎはとろみと甘みを出す役割。くし形切りは具として食感を楽しむ役割があります。

ここが大事!

炒める

4 鍋に油を**中火**で熱し、カレー粉、小麦粉を絶えずまぜてこがさないように**1分**炒める。玉ねぎの薄切りを加えて**弱火**にし、全体にからめるように**3分**炒める。
じゃがいも、玉ねぎのくし形切りを加え、さらに**2分**炒める。

> **POINT**
> こげつきやすいので、つねに木べらを動かしながら炒め、玉ねぎの甘みを引き出しましょう。

ここが大事!
中 → 弱

煮る

5 水1カップをダマにならないよう少しずつ加え、木べらでまぜながらなじませる。**中火**にして1とBを加え、煮立ったらアクを取る。

6 フタをして**弱火**で**20〜25分**煮る。途中2〜3度上下を返すようにまぜ、こげつかないようにする。塩、こしょうで味をととのえる。器にご飯を盛り、カレーをかける。

ハヤシライス

> 市販のルーがなくてもケチャップ、ソース、牛乳など家にある調味料で、本格的な味に

調理道具 26cm

⊙ 材料（2人分）

- 牛もも薄切り肉（またはロース） … 200g
- 塩、こしょう … 各少々
- 小麦粉 … 大さじ1
- 玉ねぎ … 1/2個（100g）
- マッシュルーム … 4個
- サラダ油 … 大さじ1
- バター … 10g

A （まぜておく）
- 水 … 1/2カップ
- 赤ワイン … 大さじ2

B （まぜておく）
- 牛乳 … 1/2カップ
- トマトケチャップ … 大さじ5
- ウスターソース … 大さじ1

- 温かいご飯 … 茶碗2杯分（400g）
- パセリ（みじん切り） … 適量

作り方

下ごしらえ

1 玉ねぎは繊維に沿って薄切りにする。マッシュルームは薄切りにする。

2 牛肉は大きければ半分に切ってバットに入れ、塩、こしょうをふり、小麦粉をまぶす。

> **POINT**
> 小麦粉のおかげで、肉の口当たりがよくなり、全体にとろみをつけることができます。

※ここが大事！

焼く

3 フライパンに油を中火で熱し、牛肉をざっと広げて入れ、表裏1分ずつ焼いて取り出す。

> **POINT**
> 牛肉は焼きすぎるとかたくなるので、赤身が少し残る程度まで焼けばOK。

4 油を拭かずにバターを入れる。玉ねぎ、マッシュルームを順に入れて広げ、動かさずに2分焼く。

> **POINT**
> 菜箸で動かしたりせず、そのまま焼くと、短時間で効率よく火が通ります。

5 上下を返して1〜2分炒め、全体に油が回ったらAを加えてひと煮立ちさせ、アルコールをとばす。

煮る

6 3を戻し入れてBを注ぐ。煮立ったら、弱火で10分煮る。器にご飯を盛ってパセリをふり、ハヤシソースをかける。

ラタトゥイユ

「フタあり10分」で野菜のうまみを引き出し「フタなし5分」でうまみを凝縮！

調理道具 20cm

◉ 材料（作りやすい分量）
- 黄パプリカ …………… 1個 (150g)
- ズッキーニ …………… 1本 (150g)
- エリンギ ……………… 2本 (100g)
- トマト ………………… 1個 (200g)
- にんにく ……………… 1かけ
- オリーブ油 …………… 大さじ4

A まぜておく
- トマトケチャップ ……… 大さじ3
- 塩、砂糖、酢 ………… 各小さじ1

- ブラックオリーブ（種あり）……… 10個

作り方

下ごしらえ

1 パプリカは縦半分に切ってヘタと種を取り、ズッキーニ、エリンギとともに2cm角に切る。

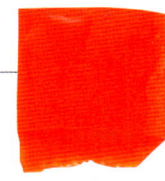

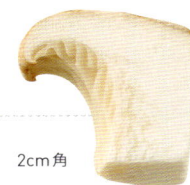

2 トマトは包丁の先でヘタをくりぬき、2cm角に切る。にんにくは縦半分に切り、芯を除く。

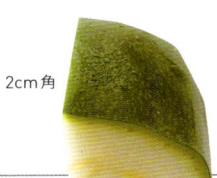

炒める

3 鍋にオリーブ油大さじ2を**中火**で熱し、にんにくを炒める。香りが立ったらエリンギを加え、しんなりするまで**3〜4分**炒める。

4 オリーブ油大さじ1を足し、ズッキーニとパプリカを加えて、しんなりするまで**3〜4分**炒める。

POINT
ここでしっかり炒めると、野菜にコクが出るうえ、水分が蒸発して味のしみこみもよくなります。

5 A、2のトマト、オリーブを加えてかるくまぜ、火の通りが均等になるよう平らにし、フタをする。

煮る

6 煮立ったらフタをしたまま**弱火**で**10分**煮る。さらにフタを取って**5分**煮る。仕上げにオリーブ油大さじ1を加えてひとまぜしたら、器に盛る。

POINT
フタをして野菜のうまみを引き出したら、フタを取って水けをとばしながらうまみを凝縮させます。

2cm角 (パプリカ)
2cm角 (エリンギ)
2cm角 (ズッキーニ)
2cm角 (トマト)

ここが大事！

ロールキャベツ

> **コツ**
> たねのつなぎに使うのは、なんとご飯。
> やわらかい食感と玉ねぎのような甘みが出せる

調理道具 20cm 鍋
1時間以上

◉ 材料（2人分）

キャベツ	大4枚（250〜300g）
A 合いびき肉	250g
冷やご飯	茶碗½杯（100g）
卵	1個
塩	小さじ½
こしょう	少々
スライスチーズ	4枚
小麦粉	大さじ1
B ホールトマト（缶詰）	1缶（400g）
水	1カップ
中濃ソース、トマトケチャップ	各大さじ2
ローリエ	1枚

作り方

下ごしらえ

1 キャベツは破けないようにはずし、2枚重ねてラップで包む。電子レンジの端に置き、**4分**加熱する。ラップをはずし、ざるなどにのせて粗熱をとる。

POINT キャベツは大きめの鍋で1枚ずつゆでても。しんなりしたらざるなどに上げて粗熱をとります。

たねを作る

2 ボウルに**A**を入れ、指先でざくざくとつかむようにまぜる。材料がある程度まざったら、手をぐるぐると回して指先でなめらかになるまで**2分**まぜる。
4等分して楕円形にまとめる。

ここが大事！

POINT ご飯をつなぎに入れると、火を通したときにたねがかたくならず、肉のうまみも吸いこみます。

包む

3 キャベツはたねを包みやすいよう1枚ずつ広げて、芯の出た部分を包丁を寝かせてそぎ切る。キャベツの中央に半分に折ったチーズとキャベツの芯をおき、**2**の¼量のたねを横一文字にのせる。

4 手前からキャベツをかぶせ、左右を折りたたんで巻いて包み、つまようじで留める。残りも同様に巻き、小麦粉を表面に薄くまぶす。

POINT 火が入るとたねが少し縮むので、包むときは空気を抜くようにきっちり巻きこんで。

煮る

5 ボウルに**B**のホールトマトを入れて手で粗くつぶし、残りの材料を加えてまぜあわせる。鍋に**4**を詰め、**B**を注ぐ。

6 鍋を**中火**にかけ、煮立ったらスプーンで煮汁をかける。フタを少しずらしておき**弱火**で**40分**煮る。取り出してつまようじを抜き、器に盛る。

中 → 弱

POINT 上下を返すとキャベツが破けてしまうので、動かさずに煮ましょう。

筑前煮

「大きめに切る」「そろえて切る」この2つを守れば理想の「母の味」が実現！

調理道具 26cm

材料（2人分）

- 鶏もも肉･････････････1枚 (250g)
- 小麦粉･･････････････大さじ1
- こんにゃく････････････½枚 (150g)
- しいたけ･････････････6枚 (90g)
- れんこん････････････1節 (200g)
- にんじん････････････1本 (150g)

A まぜておく
- 水･･･････････････1カップ
- しょうゆ、みりん･･････各大さじ3
- 砂糖････････････････大さじ1

- ごま油･･････････････大さじ1

作り方

下ごしらえ

1 鶏肉は皮と身の間の余分な脂肪を取り、3cm角に切って小麦粉をまぶす。

3cm角

2 こんにゃくはスプーンで一口大にちぎり、熱湯で**2分**ゆでてざるに上げる。
しいたけは石づきを切り、かさに切り目を入れて手で半分にさく。

一口大

3 れんこん、にんじんは皮をむき、一口大の乱切りにする。

ここが大事！

一口大

炒める

4 フライパンにごま油大さじ½を**中火**で熱し、鶏肉の皮目を下にして入れる。動かさずに**2分**焼き、裏返して**2分**焼いて取り出す。

POINT
鶏肉は最初に表面に焼き目をつけておきます。この香ばしさが味の奥行きにつながります。

一口大

5 油を拭かずに残りのごま油大さじ½を入れる。れんこん、にんじん、こんにゃくを順に加えてそのつどまぜあわせ、**3分**炒める。
しいたけを加えてさっとまぜ、**4**をのせて**A**を加える。

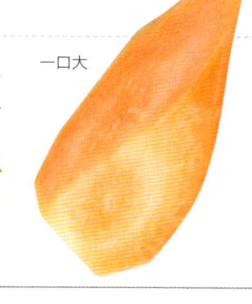

煮る

6 煮立ったら**弱火**にし、ぬらしてかるく絞ったペーパータオルをかぶせ、フタを少しずらしておき**15～20分**煮る。ペーパータオルを取って底から返すようにまぜ、器に盛る。

POINT
フタをずらしてかぶせると、ほどよく煮汁が蒸発して味がからみます。さらに材料を蒸すように加熱できるので、火が早く通ります。

材料 (作りやすい分量)

- 豚バラかたまり肉‥2本 (900g〜1kg)
- 米‥‥‥‥‥‥‥‥‥‥大さじ6
- ねぎ‥‥‥‥‥‥‥‥‥2本 (200g)
- しょうが‥‥‥‥‥‥‥‥‥2かけ

A まぜておく
- しょうゆ、酒、砂糖‥‥各大さじ5
- 酢‥‥‥‥‥‥‥‥‥‥‥大さじ1

> コツ
> 「下ゆで」、「味からめ」、「弱火で仕上げ」の3段階が
> やわらかく味がからむ角煮の秘訣

豚の角煮

1時間以上　調理道具　26cm　24cm

作り方

1 焼く
フライパンを**中火**で熱し、豚肉の脂身を下にして**3分**焼く。赤身と左右の面は、焼き色がつくまでそれぞれ**1分**ずつ焼く。

POINT 豚バラ肉は脂身が多いので、しっかり焼いて余分な脂を出します。

2 ゆでる
直径24cmの大きめの鍋に豚肉を入れ、水8〜10カップを注ぎ、米を加えて**中火**にかける。煮立ったらアクを取り、フタを半分ずらして**弱火で1時間半〜2時間**ゆでる。

POINT 米が豚肉のにおいやアクを吸収してくれ、熱の当たりをやわらかくします。

3
手で豚肉を取り出せるくらいまで冷ましたら、豚肉を流水でよく洗う。
3〜4cm幅に切る。鍋は洗う。

4 野菜を切る
しょうがはスプーンで皮をこそぎ取り、1cm角に切る。ねぎは5cm長さに切る。

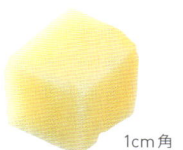

5cm長さ

1cm角

5 煮る
鍋に豚肉、**A**を加えて**中火**にかけ、煮汁がフツフツしてきたら、トングで豚肉を返しながら全体に味をからめる。

POINT 先に煮汁をからめておくと、味が中までしっかりつきます。

6
水1カップを注いで**4**を加える。
煮立ったらぬらしてかるく絞ったペーパータオルをかぶせ、フタをして**弱火で30分**ほど煮る。

肉豆腐

牛肉に下味をつけると、肉のうまみを含んだたれが豆腐にじんわりしみ渡る

調理道具 26cm

材料（2人分）
- 牛肩ロース薄切り肉 …… 150～200g
- 焼き豆腐 …………… 1丁（250g）
- ねぎ ………………… 1本（100g）
- エリンギ …………… 1本（50g）
- ごま油 ……………… 大さじ1
- A 砂糖 ……………… 大さじ3
-   しょうゆ ………… 大さじ2
- B（まぜておく）
-   酒、水 …………… 各¼カップ

作り方

下ごしらえ

1 豆腐は6等分に切る。

6等分したもの

2 エリンギは縦4等分に切り、ねぎは1cm厚さに斜めに切る。

3 ボウルに牛肉を入れ、**A**を加えてからめる。

ここが大事！

POINT
下味をつけると、肉のうまみ入りのたれが豆腐や野菜にしみこみます。砂糖は肉の繊維に入りこんでふくらむので、加えるとやわらかくなる効果も。

煮る

4 フライパンにごま油を**中火**で熱し、牛肉を入れて広げ、半分くらい色が変わったら、端に寄せて**1**と**2**を加える。牛肉の上下を返す。

5 **B**を注ぎ、煮立ったら豆腐が色づくようにときどきスプーンで煮汁をかけながら**10分**煮て器に盛る。

POINT
長く煮ると豆腐の水分が出てしまうので、煮る時間は10分がベスト。

Q&A 同じ味つけでどんなものを煮るとおいしい？

牛肉を豚こま肉、豚バラ薄切り肉にかえると、また違った味わいに。エリンギをしいたけにしたり、ねぎを白菜にしたり、家族の好みや旬にあわせていろいろ試してみると幅が広がりますよ。

さばのみそ煮

> みそは一度火を止めてから入れ、「みそ煮こみ」にしないこと。これであこがれのやさしい味に仕上がる

調理道具 26cm

材料（2人分）

- さばの切り身……2切れ（240〜250g）
- ねぎ……………………1本（100g）
- しょうが………………………1かけ
- A みりん、水……………各½カップ
- 　 酒………………………¼カップ
- 　 しょうゆ………………大さじ2
- みそ……………………大さじ2〜3

作り方

下ごしらえ

1 さばは冷水を入れたボウルの中で背骨部分にある血合いをさっと洗い、ペーパータオルで水けを拭く。

> **POINT** さばを水にどっぷりつけてしまうとうまみが抜けるので、汚れだけ手早く洗って。

2 皮目に1cm幅の切り目を入れる。

3 ねぎは6cm長さに切る。しょうがはスプーンで皮をこそげ取り、薄切りにする。

6cm長さ

煮る

4 フライパンに**A**を入れて**中火**にかけ、煮立ったらさばを入れる。
スプーンで煮汁を全体にかけ、フタを少しずらしておく。**8〜10分**煮て、一度火を止める。

5 〔ここが大事！〕 小さめのボウルにみそを入れ、煮汁を大さじ2〜3加えてみそを溶き、**4**に回し入れる。

> **POINT** みそは、火を止めた状態で入れると煮詰まりすぎません。一度煮汁で溶きのばしてから入れると、溶け残る心配なし。

6 ねぎ、しょうがを加えて再び**中火**にかける。フツフツと煮立ったら、スプーンで煮汁をかけながらとろみがつくまで**5分**煮て、器に盛る。

> **POINT** ときどきフライパンを揺すると、まんべんなくとろみがついてきます。

金目鯛の煮つけ

蒸し煮にすれば脂ののった金目鯛の身に甘辛だれがしみておいしい！

調理道具 26cm

材料（2人分）
- 金目鯛の切り身……2切れ（240〜250g）
- れんこん……………小1節（150g）
- しょうが……………2かけ（20g）
- A みりん……………½カップ
-   酒、水……………各¼カップ
-   しょうゆ…………大さじ2
-   砂糖………………大さじ1

作り方

下ごしらえ

1 しょうがはスプーンで皮をこそげ取る。1かけは薄切りに、残りはせん切りにする。

しょうが1かけはこれくらい

2 れんこんは皮をむいて縦6等分に切る。

煮る

3 フライパンにAを入れて**中火**にかけ、煮立ったら皮目を上にした金目鯛、しょうがの薄切り、れんこんを入れる。

POINT れんこんは金目鯛といっしょに煮ても煮くずれることがなく、うまみを吸ってくれます。

4 スプーンで金目鯛の皮目に煮汁をかけながら、**中火で3〜4分**煮る。

POINT 皮目に煮汁をかけながら煮るのが、味がしみこませるコツ。

5 ぬらしてかるく絞ったペーパータオルをかぶせ、フタをして**弱火で10分**煮る。フタを取って**強火で2〜3分**煮て、器に盛り、しょうがのせん切りをのせる。

ここが大事！

POINT 最後に強火にして煮汁の水分を蒸発させ、金目鯛に煮からめればとびきりのおいしさに。

Q&A ほかにはどんな魚&野菜で作れるの？

ほかにはこんな組み合わせがおすすめ。野菜は基本的に、魚のうまみたっぷりのたれを吸ってくれるものがよいでしょう。

かれい×ごぼう
くせのない白身魚のかれいと、ごぼうは相性ぴったり。

いか×にんじん
いかのぷりぷりした食感とにんじんのほくほく感が絶妙。

銀だら×セロリ
あっさりした銀だらの身にセロリのシャキシャキ食感が新鮮。

ぶりと大根のあら煮

「10分焼き」で水分をとばした大根に
ぶりのうまみと煮汁がしみ渡る

1時間以上　調理道具 26cm

◉ 材料（作りやすい分量）
- ぶりのあら……………400g
- 塩…………………大さじ1
- A （まぜておく）
  - みりん、しょうゆ、砂糖
    　　　　　　……各大さじ3
- 大根………………½本（500g）
- しょうが…………………2かけ
- サラダ油………………大さじ1
- B （まぜておく）
  - 酒、水……………各½カップ
- しょうが(せん切り)……………適量

作り方

下ごしらえ

1 バットにぶりを並べ、塩をふってからめ、**20分**おく。
鍋にたっぷりの湯を沸かしてぶりを**中火**で**2分**ゆで、冷水を入れたボウルにとる。

2 血合いなどを取りながら洗う。ペーパータオルで水けを拭き、別のボウルに入れ、**A**をからめる。

3 大根はところどころピーラーで皮をむき、縦4等分に切る。
さらに3cm厚さに斜めに切る。しょうがはスプーンで皮をこそげ取り、薄切りにする。

> **POINT**
> 皮をむいた部分は味がしみこみ、皮のある部分は食感が楽しめます。

焼く

4 フライパンに油を**中火**で熱し、大根を入れて表面に焼き色がつくまで**10分**ほど焼く。

> **POINT**
> 大根は表面を焼くと、水分が抜けて味がよくしみこみ、香ばしくなります。2つの面が焼けていればOK。

ここが大事！

煮る

5 **2**を汁ごと全体に広げて入れ、フライパンを揺すって汁を大根にからめる。**3**のしょうがをちらし、**B**を注ぐ。
煮立ったらスプーンで全体に煮汁をかける。

6 ぬらしてかるく絞ったペーパータオルをかぶせ、フタを少しずらしておき**弱火**で**30分**煮る。器に盛り、しょうがのせん切りをのせる。

> **POINT**
> フタを少しずらして蒸し煮にすると、ぶりと大根に火が早く通り、煮汁もからみやすくなります。

> **コツ**
> えのきだけを入れると、まるで軟骨入りのつくねのようなコリコリ食感に

鶏つくね

調理道具 26cm

◉ 材料（2人分）

A
- 鶏ひき肉 ……… 250g
- ねぎ ……… ½本（50g）
- えのきだけ ……… ½袋（50g）
- 卵 ……… 1個
- 小麦粉 ……… 大さじ3
- 塩 ……… 小さじ¼

サラダ油 ……… 大さじ1

B（まぜておく）
- しょうゆ ……… 大さじ2
- みりん ……… 大さじ4

青じそ ……… 2枚

作り方

1 下ごしらえ（ここが大事！） 
ねぎはみじん切りにする。えのきは根元を切って5mm幅に切る。

2 
ボウルにAを入れ、ざくざくと指先でまぜ、さらに手を回して粘りけが出るまで3分ほど練りまぜる。⅙量ずつ手のひらでキャッチボールをして空気を抜き、楕円にかるくまとめる。

3 焼く
フライパンに油を**中火**で熱して2を楕円形にととのえて入れる。**3分**焼き、裏返して**3分**焼く。

4 からめる
ペーパータオルで油をきれいに拭き、フライパンを一度火からおろしてBを回し入れる。再び**中火**にかけ、ときどき上下を返しながら、汁けが半分くらいになるまで**2分**ほど煮からめる。青じそを敷いた器に盛る。

> コツ
> かたくパサパサしがちな豚肉は
> 1杯の差し水で、しっとりやわらかく仕上がる

ゆでしゃぶサラダ

調理道具 20cm

◉ 材料（2人分）
豚薄切り肉（しゃぶしゃぶ用）
　　　　　　　　　　200g
小麦粉　　　　　　　大さじ2
ねぎ　　　　　　　½本（50g）
サニーレタス　　　　　　3枚
トマト　　　　　　1個（200g）

A （まぜておく）
　しょうゆ、酢
　　　　　　　　　各大さじ3
　砂糖、ごま油
　　　　　　　　　各大さじ1
　豆板醤　　　　　　小さじ1

作り方

下ごしらえ 1 
ボウルに豚肉を入れ、小麦粉を指先でざっとまぶす。

ゆでる 2　ここが大事！　強
鍋に1ℓの湯を沸かし、沸騰したら水1カップを入れる。これで温度が75～80℃に下がる。

3 
1を入れて火を止め、菜箸で2～3分ゆっくりと動かしながら火を通す。ざるに上げてそのまま粗熱をとる。

野菜を切る 4 
ねぎは斜め薄切りに、レタスは3cm四方にちぎる。ともに冷水に20分つけてパリッとさせ、ざるに上げて水けをきり、ペーパータオルでさらに水けを拭く。トマトはヘタを取って2cm角に切る。器に3とともに盛り、Aをかける。

とんカツ

> コツ: 肉は100回たたけばジュワッとかみ切れる、プロのとんカツに！

調理道具: 26cm

◉ 材料（2人分）

豚肩ロース肉（とんカツ用）	2枚（250g）
塩	小さじ¼
こしょう	少々
A 卵	1個
牛乳	大さじ1
小麦粉	大さじ4
生パン粉	2〜3カップ
揚げ油	適量
キャベツ（せん切り）	適量
中濃ソース	適量

作り方

1 下ごしらえ

豚肉は脂身と赤身の境目に4～5か所切り目を入れて縮みを防ぐ。包丁の峰（背）で表裏を格子状に **50回** ずつたたき、一回り大きくする。形をととのえたら、両面に塩、こしょうをふる。

ここが大事！

POINT
肉の繊維を断つと、やわらかい食感になり、揚げたときに肉がそり返るのを防げます。

2 衣をつける

ボウルに**A**の卵を割りほぐし、牛乳、小麦粉を加えてダマがなくなるまでよくまぜる。

POINT
小麦粉→溶き卵→パン粉の三段階でつける方法もありますが、先に卵と小麦粉をまぜたものにつけると衣がはがれにくくなります。

3

豚肉に**2**をからめる。
大きめのバットに広げた生パン粉にのせ、押さえながらつける。

POINT
水分を多く含む生パン粉を使うと、揚げたときにパン粉の水分が一気に蒸発するので、色づきがよくなり、サクサク感も持続します。

4 揚げる

フライパンに揚げ油を2cm深さまで入れて**中火**で**中温（170～180℃）**に熱し、**3**を入れて**5分**揚げる。上下を返して、全体がきつね色になるまで**2～3分**揚げる。食べやすく切って器に盛り、キャベツを添えてソースをかける。

中

MINI COLUMN

揚げ物の 油の温度について

揚げ物はレシピに記載された温度で揚げれば、必ず成功させられます。温度計で正確に測るのがいちばんですが、ここではフライパンの底に乾いた菜箸を当てて、大まかな温度をチェックする方法をご紹介します。

【油の処理について】
冷めてからちぎった新聞紙に油を吸わせ、牛乳パックなどに入れれば可燃ゴミで捨てられます。

温度計

180～190℃　高温
菜箸の先をつけると、すぐに細かい泡が勢いよくたくさん出る状態。から揚げなどを中温で揚げたあとカリッと色よく仕上げたいときに用いる。

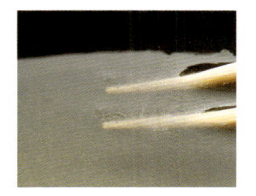

170～180℃　中温
菜箸の先から、すぐに細かい泡がシュワシュワッと出る状態。とんかつ、コロッケ、天ぷらなど、ほとんどの揚げ物はこの温度で揚げる。

160～170℃　低温
菜箸の先から、細かい泡がゆっくりと揺れながら出る状態。こがさずに肉の中までしっかり火を通したいときに。から揚げはこの温度からスタートする。

コロッケ

> コツ: じゃがいもは粉ふきで水けを一気にとばすとほくほく感も一気にアップ

調理道具: 26cm / 20cm / 16cm

材料 (2人分)

じゃがいも	2個 (正味300g)
玉ねぎ	¼個 (50g)
サラダ油	大さじ½
合いびき肉	100g
A しょうゆ	小さじ1
こしょう	少々
バター	10g
塩	小さじ¼
B 卵	1個
牛乳	大さじ1
小麦粉	大さじ4
生パン粉	2カップ
揚げ油	適量
トマト(くし形切り)	適量
パセリ	適量

作り方

たねを作る

1 じゃがいもは皮をむいて2cm角に切り、水に **5分** さらしてざるに上げ、水けをきる。鍋にじゃがいもを入れてかぶるくらいの水を入れ、**中火** にかける。煮立ったらフタをして **弱火で12分** ゆでる。

POINT 水にさらすと、じゃがいも表面のでんぷんが取れ、煮くずれしにくくなります。

2cm角

2 じゃがいもをゆでている間に、玉ねぎをみじん切りにする。20cmのフライパンに油を **中火** で熱し、玉ねぎ、ひき肉を **2分** 炒め、**A** を入れてまぜたらバットに取り出す。

3（ここが大事！）じゃがいもに竹串がすっと通るくらいになったらゆで汁を捨てる。フタをして **強火** にかけ、残った水分がフツフツとしたら火からはずし鍋を揺すって粉をふかせる。火にかける、揺するを **2〜3回** くり返す。

POINT 火が充分に通ったじゃがいもなら、鍋を揺するとすぐに粉をふいた状態になります。

4 3を熱いうちにボウルに入れてフォークでよくつぶし、バター、塩を加えてまぜあわせる。2を加えてよくまぜ、4等分して平らな楕円形にする。

衣をつける

5 別のボウルに **B** の卵を割りほぐし、牛乳、小麦粉を加えてダマがなくなるまでよくまぜる。4に **B** をからめ、大きめのバットに広げた生パン粉の上にのせ、押さえながらつける。

POINT 卵、牛乳、小麦粉をまぜた衣にからめると、パン粉がしっかりつき、サクッとした食感が楽しめます。

揚げる

6 26cmのフライパンに揚げ油を2cm深さまで入れて **中火** で **中温（170〜180℃）**（はかり方はP111参照）に熱し、5を入れて **3分** ほど揚げる。縁がきつね色になってきたら上下を返し、さらに **3〜4分** 揚げる。器に盛り、トマト、パセリを添える。

えびフライ

> ポイントはえびをまっすぐに伸ばすこと。ムラなく火が通り、プリプリ感が倍増！

調理道具 26cm

材料（2人分）

- えび（殻つき・1尾約25gのもの） ………… 6〜8尾（150g）
- 塩、こしょう ………… 各少々
- A
  - 卵 ………… 1個
  - 牛乳 ………… 大さじ1
  - 小麦粉 ………… 大さじ4
- 生パン粉 ………… 2カップ
- 揚げ油 ………… 適量
- B
  - ゆで卵 ………… 1個
  - きゅうりのピクルス（みじん切り） ………… 10g
  - マヨネーズ ………… 大さじ3
- ベビーリーフ ………… 適量
- レモン（くし形切り） ………… 2切れ

作り方

下ごしらえ

1 Bのゆで卵は、黄身と白身を分け、黄身をフォークでつぶす。
白身は粗みじんに切ってボウルに入れ、残りの材料を加えてまぜあわせる。

2 えびは尾の先を切って包丁の先で汚れをしごき出す。尾を残して殻をむく。背ワタがあれば取る。

POINT
尾の汚れとともに水分を出しておくと、揚げたときの油はねが防げます。

3 腹側に斜めに数か所切り目を入れ、腹を下にして指で押さえてまっすぐにする。塩、こしょうをふる。

ここが大事!

POINT
プチッと音がするまで指で押さえると、えびをまっすぐな状態で揚げられます。

衣をつける

4 ボウルにAの卵を割りほぐし、牛乳、小麦粉を加えてダマがなくなるまでよくまぜる。えびの尾を持ってからめる。

5 大きめのバットに広げた生パン粉の上にのせ、4を押さえながらつける。

POINT
卵、牛乳、小麦粉をまぜあわせた衣はえびにからみやすく、パン粉もしっかりとつきます。

揚げる

6 フライパンに揚げ油を2cm深さまで入れて、**中火**で**中温(170〜180℃)**(はかり方はP111参照)に熱し、5を入れてきつね色になるまで**2〜3分**揚げる。器にえびフライを盛って**1**をかけ、ベビーリーフ、レモンを添える。

かき揚げ

中までサックサクのかき揚げを作るには
粉をからめてからの「冷水和え」がポイント

調理道具 26cm

材料（2人分）

- 玉ねぎ……¾個（150g）
- 桜えび……½カップ
- 三つ葉……10本
- 小麦粉……⅔カップ
- 冷水……大さじ4
- 揚げ油……適量
- 塩（自然塩）……適量
- レモン（くし形切り）……2切れ

作り方

下ごしらえ

1 玉ねぎは縦に半分にし、繊維に沿って薄切りにする。三つ葉は6〜7cm長さに切る。冷水は使う直前まで冷蔵庫で冷やしておく。

縦に半分とはこういうこと

たねを作る

2 大きめのボウルに玉ねぎ、桜えび、三つ葉を入れて菜箸でまぜる。

3 小麦粉をスプーンで全体に広げ入れ、ボウルの底に粉が残る程度に菜箸でまぜる。

4 冷水を加え、菜箸でざっくりとまぜる。粉っぽさが残りつつ、全体がしっとりとすればOK。

ここが大事!

POINT 冷水を加えると粘りが出にくくなるので、揚げ上がりがカリカリ、サクサクに。

揚げる

5 フライパンに揚げ油を2cm深さまで入れて、**中火**で**中温（170〜180℃）**（はかり方はP111参照）に熱する。木べらを油にひたし、**4**を1/6量のせて平らに広げ、菜箸ですべらせて油に落とし入れる。同様に2つ分のたねを油に入れる。

POINT 木べらにのせてすべらせると、大きさと形がそろいます。

6 動かさずにおたまで油をかけながら**3分**揚げ、裏返してさらにカリッとするまで**3分**揚げる。取り出してペーパータオルを敷いたバットに立てて油をきり、塩少々をふる。残りも同様に揚げて器に盛り、レモンと塩を添える。

POINT 油をかけながら揚げると、外だけでなく中もカリッと揚がります。

酢豚

豚肉は衣をたっぷりつけて揚げると歯ごたえアップ。とろりとしたたれがよくからんで美味

調理道具 26cm

材料（2人分）

- 豚肩ロース肉（とんかつ用）……2枚（250g）
- 玉ねぎ……………………¼個（50g）
- しいたけ……………………4個
- ピーマン……………………2個（60g）
- A
  - しょうゆ、砂糖、酒……各小さじ1
  - こしょう……………………少々
  - 卵（溶いておく）……………1個
- 小麦粉……………………½カップ
- 揚げ油……………………適量
- B（まぜておく）
  - しょうゆ、酢、酒………各大さじ3
  - 砂糖……………………大さじ2
  - 片栗粉……………………小さじ2
  - ごま油……………………小さじ1

作り方

下ごしらえ

1 玉ねぎは2cm角に切る。しいたけは石づきを切って縦半分に切る。ピーマンは乱切りにする。

乱切り

2 ここが大事！
豚肉は1枚を6等分に切ってボウルに入れ、**A**を順に加えてそのつどよくもみまぜる。小麦粉をふり入れ、粉っぽさがなくなるまでよくまぜる。

2cm角

POINT
豚肉に味をからめてから卵を加えてしっかりもむと、ふわっとやわらかく揚がります。

揚げる

3 フライパンに揚げ油を2cm深さまで入れて**中火**で**低温（160℃）**に熱し、**1**を一度に入れ、**1分**揚げて取り出す。

POINT
食感を残すため、揚げ時間は短めに。つやっと色鮮やかになったら取り出します。

4 揚げ油に**2**を一度に入れ、**強めの中火**にして**3〜4分**かけて揚げ、一度取り出す。

POINT
肉を一度に入れて油の温度を下げ、そこから徐々に温度を上げながら肉に火を通します。

5 **1分**火を強めて**高温（190℃）**（はかり方はP111参照）にし、**4**を一度に入れて**1分**かけて揚げて取り出す。フライパンの揚げ油をあけ、ペーパータオルでかるく拭く。

POINT
もう一度高温で揚げ、外側の水けをとばしてカリッとさせます。

たれをからめる

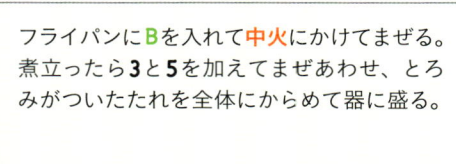

6 フライパンに**B**を入れて**中火**にかけてまぜる。煮立ったら**3**と**5**を加えてまぜあわせ、とろみがついたたれを全体にからめて器に盛る。

LESSON 4

「あの味」が自分で作れる絶品**サイドメニュー**

昔、家で食べたあの煮物の味。お店で食べる、おしゃれなサラダの味。素材も味つけも、とってもシンプルなはずなのになぜか自分で再現してみると上手くいかないことってありますよね。レッスン4では、そんな魅力的な脇役の「あの味」を一つでもたくさんマスターすることをめざします。サイドメニューがおいしく作れるとメイン料理もどんどん箸が進むこと間違いなしです。

キャベツのコールスロー

> コツ
> キャベツには「塩水」をふるのがポイント。
> ムラなくしんなりして、味もよくなじむ

◉ 材料（2人分）
- キャベツ……………5枚 (250g)
- にんじん……………⅓本 (50g)
- A（まぜておく）
  - 塩………………小さじ½
  - 水………………大さじ3
- B
  - マヨネーズ……………大さじ5
  - 酢………………大さじ½
  - はちみつ……………小さじ1
- ホールコーン(缶詰)……大さじ3
- こしょう……………少々

湯むきトマトのサラダ

> コツ
> 「ノーカット湯むき」にすれば
> 水っぽくならず、トマト本来の甘みが楽しめる

調理道具 20cm

◉ 材料（2人分）
- トマト……………2個 (400g)
- A
  - 玉ねぎ(すりおろす)……⅙個 (30g)
  - パセリ(みじん切り)……小さじ1
  - 酢、オリーブ油……各大さじ1
  - 塩………………小さじ¼
  - こしょう……………少々

湯むきトマトのサラダ

作り方

1 湯むきをする 〈ここが大事!〉

鍋にたっぷりの湯を沸かす。おたまにトマトをのせて鍋に入れ、ピリッと皮がめくれるまで15〜30秒ほどつける。

POINT
先にヘタをくりぬいてしまうと水っぽくなるので、切らずに熱湯につけて。

2

冷水にとり、皮をむく。

3 輪切りにする

水けを拭いてヘタを取り、5〜8mm幅の輪切りにして器に盛る。

4 盛りつけ

小さめの器にAをまぜあわせ、トマトにかける。

キャベツのコールスロー

作り方

1 下ごしらえ

キャベツはV字に切りこみを入れて芯を取る。幅を3等分にし、重ねあわせて繊維を断つように5mm幅に切る。

2

にんじんは皮をむいてせん切りにする。1とともにボウルに入れる。

3 まぜる 〈ここが大事!〉

Aをふってまぜあわせ、15〜20分おく。別のボウルにBをまぜる。

POINT
塩水をふるとよけいな水分が抜け、調味料がなじみやすくなります。下味もつき、キャベツの色も鮮やかにキープ。

4 水けを絞る

3は握らず、拝むようにして水けをかるく絞り、Bのボウルに入れてからめる。コーン、こしょうを加えてざっくりとまぜ、器に盛る。

MINI COLUMN

トマトのおいしい保存法

じつは、トマトは冷蔵庫にしまわないほうが長もちする野菜。ボウルなどに入れ涼しい場所においておくのがベストです。冷やしすぎると、トマトが風邪をひいたような状態になり果肉が傷みます。また、少し青いトマトを買ってしまったときは、太陽の光に当てておくだけでだんだん赤みが出て熟してきます。トマトはさまざまな品種があるので、このサラダのレシピもいろいろなトマトで試してみると違ったおいしさが楽しめます。

水菜とじゃこのサラダ

コツ
熱々のじゃこを、ごまめがけて一気にジャッと！
ごまの香ばしい香りが食欲をそそる

調理道具 20cm

◉ 材料（2人分）
水菜 ………………… ½束（100g）
ちりめんじゃこ ……… ⅓カップ
ごま油 ……………… 大さじ2
A 酢 ………………… 大さじ1
　しょうゆ ………… 大さじ½
こしょう …………… 少々
白炒りごま ………… 大さじ1

生野菜のバーニャカウダソース

コツ
ポイントは、たっぷりのにんにく。
お店で食べるあこがれソースが自分で作れる！

調理道具 16cm

◉ 材料（3～4人分）
にんにく … 8～10かけ（80g）
牛乳 ………………… ½カップ
アンチョビー（フィレ）
　　　　　　　　… 40～50g
生クリーム ………… ½カップ
にんじん、トレビス、
　きゅうり、パプリカ
　　　　　　　　… 各適量

生野菜のバーニャカウダソース

作り方

1 ソースを作る
にんにくは、縦半分に切って芯を取り、さらに横半分に切る。

2 
鍋ににんにく、牛乳を入れて**中火**にかけ、フタをする。煮立ったらフタを少しずらし、**弱火**で**15分**煮る。火からおろし、アンチョビーを加える。

3 ここが大事！
フォークでにんにくとアンチョビーをよくつぶし、生クリームを加えてまぜあわせる。再び**中火**にかけ、煮立ったら**弱火**で**1～2分**、まぜながら煮る。

POINT
細かくなめらかになるまでしっかりつぶします。

4 野菜を切る
野菜はソースをすくいやすいように切る。器に盛り、ソースをつけていただく。

Q&A ほかにはどんな野菜が合うの？
トマトやレタスなどの定番野菜も、このソースなら特別な一品に変身。ゆでじゃがいもや蒸し野菜（P46）などもたっぷり食べられます。野菜だけでなく、切ったパンをつけるのもおすすめ。

水菜とじゃこのサラダ

作り方

1 下ごしらえ
水菜は7～8cm長さに切り、冷水に**20分**さらしてパリッとさせる。

2 
ざるに上げて水けをきり、余分な水けをペーパータオルでつかむようにして拭き取る。ボウルに入れ、中央にごまをのせる。

3 炒める
フライパンにごま油を**中火**で熱し、ちりめんじゃこを加えてカリカリになるまで炒める。

4 まぜる ここが大事！
2のごまをめがけて3を一気に加え、香ばしさを出す。すぐに菜箸でよくまぜる。

POINT
高温のじゃこがごまにふれることで、ごまが熱されて香りが広がります。

5 
Aを加えてからめ、こしょうをふって器に盛る。

> コツ
> 粉ふきでほっくり、牛乳でまったり。
> やみつきになる理想の口当たりに

ポテトサラダ

調理道具 20cm

◉ 材料（2〜3人分）
じゃがいも (男爵いも) ……… 3個 (正味450g)
きゅうり …………………………… 1本
玉ねぎ ……………………… ½個 (100g)

A まぜておく
　水 ………………………………… 大さじ2
　塩 ………………………………… 小さじ½

B まぜておく
　マヨネーズ、牛乳 ………… 各大さじ1
　マヨネーズ ……………………… 大さじ5
　牛乳 ……………………………… 大さじ2

> コツ
> もやしは「水から蒸しゆで」にすれば、
> 歯ざわりシャキシャキ！

豆もやしのナムル

調理道具 20cm

◉ 材料（2〜3人分）
大豆もやし ……………………… 1袋 (200g)
A にんにく (すりおろす) ………… 少々 (⅙かけ)
　白炒りごま (刻む) ……………… 大さじ1
　ごま油 …………………………… 小さじ2
　しょうゆ ………………………… 小さじ1
　塩 ………………………………… 小さじ½

ポテトサラダ

作り方

1 ゆでる
じゃがいもは皮をむき、4cm角に切って水に**5分**さらす。

2 ゆでる
鍋に1を入れてかぶるくらいの水を注ぎ、**中火**にかける。煮立ったらフタをして**弱火**で**12〜15分**ゆでる。

3 下ごしらえ
きゅうりは2mm幅の小口切りに、玉ねぎは繊維に沿って薄切りにし、ボウルに入れる。Aをふってまぜ、**10分**おいてから水けをかるく絞る。

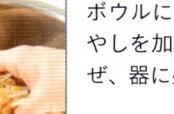

4 粉ふきにする（ここが大事！）
2のゆで汁を捨て、**中火**にかけてフツフツしてきたら、火を止める。じゃがいもが少しつぶれて、粉をふいた状態になるまで鍋を揺する。火にかける、揺する、を**2〜3回**くり返す。

5 まぜる
Bのボウルに入れてからめ、粗熱をとる。

> **POINT**
> 1回目の味つけは、じゃがいもが熱いうちにからめて味を中まで浸透させます。

6 
3を加えてまぜ、マヨネーズ、牛乳の順に加えてそのつどまぜあわせ、器に盛る。

> **POINT**
> 2回目はじゃがいもを冷ましてからからめ、外側に味をつけます。

豆もやしのナムル

作り方

1 下ごしらえ
もやしは、目立つひげ根を取る。冷水に**20分**ほどさらしてくさみをとり、ざるに上げて水けをきる。

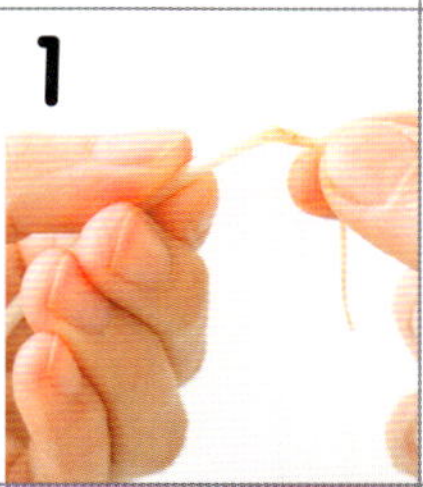

2 蒸しゆで（ここが大事！）
鍋に1を入れて水2カップを注ぎ、フタをして**強火**にかける。

> **POINT**
> 水から蒸しゆでにすることで、シャキッと仕上がります。

3 
煮立ったらすぐに大きめのざるに上げて水けをきり、手早く冷ます。

4 まぜる
ボウルにAをまぜあわせ、もやしを加えて手でよくもみまぜ、器に盛る。

Q&A

ナムルはほかの野菜でも作れる？

じつはナムルの味つけにはブロッコリーもばっちり合うんです。いんげんで作っても食感が楽しくおすすめですよ。ほうれん草や、にんじんの細切りなどでもおいしくできるので、ご飯にのせてビビンバにすると、野菜がたっぷり食べられます。

この野菜、どう調理すればいいの？

「日ごろよく食べるけれど、じつはきちんとした下ごしらえや切り方、ゆで方などがわからない」という野菜も多いはず。ここでは4つの野菜をピックアップし、意外と知らない調理の仕方とおすすめの食べ方をご紹介します。

とろろご飯

コツ：「回しずり」で、繊維が細かくなめらかとろろに

材料（2人分）
- やまといも ……… 10cm（200g）
- A（まぜておく）
  - 水 ……… ¼カップ
  - みりん、しょうゆ ……… 各大さじ1
- 米 ……… 1⅔合（300ml）
- 雑穀ミックス ……… 50g
- 青のり ……… 適量

作り方
1. 米のとぎ方はP38を参照。炊飯器に米、雑穀ミックスを入れてまぜ、水2カップを注いで普通に炊く。
2. やまといもは皮をむく。手で持つ部分をペーパータオルで覆い、回しながらすりおろしてボウルに入れる。Aを加え、**2分**まぜる。 
3. ご飯をよそい、2を器に盛って青のりをふる。

ゆで枝豆

コツ：少ないゆで汁で「蒸しゆで」にすればうまみも甘みもぎっしり

材料（2人分）
- 枝豆（枝つき） ……… 200g
- 塩 ……… 大さじ2

調理道具：20cm

作り方
1. 枝豆はキッチンばさみで枝からはずし、さやのつけ根を切る。さっと洗って汚れを落としたら、ボウルに入れ、塩をふって**1分**もむ。 
2. 鍋に2cm深さの湯を沸かし、1を塩ごと入れる。フタをして**中火で1分**煮立てたら、**弱火にして5分**ゆでる。 
3. ざるに上げて水けをきり、好みで塩（分量外）をまぶす。

> コツ
> 「塩ずり」で表面のうぶ毛を取れば
> オクラと納豆がよくなじむ

オクラ納豆

◉ 材料 (2人分)

オクラ ……………… 10本
塩 ………………… 大さじ1
A ひき割り納豆
　　 …… 1パック (45g)
　しょうゆ …… 大さじ1
　練り辛子 …… 小さじ1

調理道具 16cm

作り方

1. オクラは塩をふり、指でかるくこすってうぶ毛を落とす。 
2. 鍋にたっぷりの湯を沸かし、塩をつけたまま**中火で1分**ゆで、冷水にとる。粗熱がとれたら水けをきり、ガクを切って5mm幅の小口切りにする。
3. ボウルにAをまぜたら、オクラを加えてまぜあわせ、器に盛る。

POINT
塩でオクラをこすると、うぶ毛が取れるだけでなく、表面に傷がついて納豆がからみやすくなります。

> コツ
> 種は包丁で「ぐさり」「くるり」。
> これで種がきれいに取れる

アボカドと
まぐろの和え物

◉ 材料 (2人分)

アボカド …… ½個 (100g)
まぐろ (赤身・ぶつ切り) · 150g
A しょうゆ …… 大さじ1
　みりん ……… 小さじ1
B (まぜておく)
　しょうゆ …… 大さじ1
　練りわさび …… 小さじ1

作り方

1. まぐろは大きければ2cm角に切ってボウルに入れ、Aを加えてからめる。
2. アボカドは縦に包丁を入れて種に当たったら、そのまま縦にぐるりと切りこみを入れ、左右にひねって半分に割る。種に刃元をぐさりと刺し、ひねって取り、½個はスプーンで一口大に身をすくって別のボウルに入れる。 
3. まぐろの汁けをきって2に入れ、Bを加えてまぜ、器に盛る。

POINT
残り半分は、ラップをして保存。断面にレモン汁や酢をかけておくと、変色を防げます。

> **コツ**
> 締めの一手に削り節を入れれば
> だしいらずで、香り&うまみ倍増!

小松菜と油揚げの煮びたし

調理道具 20cm

● 材料（2人分）
- 小松菜……………4〜5株（100g）
- 油揚げ……………1枚（30g）
- A
  - 水………………1カップ
  - みりん…………大さじ2
  - うす口しょうゆ…大さじ1
- 削り節……………適量

> **コツ**
> 「押しつけ焼き」で
> なすの甘みが増し、ジューシーになる

焼きなす

調理道具 26cm

● 材料（2人分）
- なす………………4本（400g）
- サラダ油…………大さじ1½
- A（まぜておく）
  - 水………………大さじ2
  - しょうゆ………大さじ1
- しょうが（すりおろす）……½かけ
- 削り節……………½袋（2.5g）

焼きなす

作り方

1 下ごしらえ
なすはヘタを切ってピーラーで皮をむき、縦半分に切る。

2 焼く ここが大事!
フライパンに油を**強めの中火**で**2分**熱し、なすを入れて木べらで押さえつけながら**3分**焼く。

POINT
なすは水分が多く火が通りにくいので、押さえつけながら焼くと、まんべんなく火が通ります。

3 
焼き色がついたら裏返し、さらに**3分**焼く。

4 盛りつけ
器に盛り、しょうがと削り節をのせてAをかける。

MINI COLUMN

なすの選び方
ヘタのとげが鋭くとがっている、皮の色が濃くハリとツヤがあってシワのないものが新鮮。旬は6〜9月です。トマト同様、夏の野菜なので冷蔵庫にはあまり入れないほうがよいでしょう。焼きなすは、冷凍保存もできます。うどんやそばにのせたり冷やしたりして食べてもおいしく味わえます。

小松菜と油揚げの煮びたし

作り方

1 下ごしらえ
ボウルにぬるま湯をはり、油揚げをもみ洗いして油を抜く。水けを絞って1cm幅に切る。

POINT
油は湯をかけるよりもんだほうがしっかりと抜けます。

2
小松菜は根元を除き、7cm長さに切る。

3 煮る
鍋にAを入れ**中火**で煮立て、油揚げを加えて**弱火**で**5分**煮る。小松菜を加え、上下を返しながら**3分**煮る。

4 ここが大事!
削り節を鍋に加え、ひと煮したら火を止めて器に盛る。

POINT
削り節は香りが命。煮すぎると香りがとぶので、さっと火を通すだけでOKです。

小松菜の選び方
栄養も豊富で、ほうれん草よりアクが少ない小松菜。葉の緑が濃く、茎が太めのものを選びましょう。旬は12〜2月です。

焼き野菜の マリネ

> コツ
> 熱々の野菜がマリネ液をぐんぐん吸って
> とがった酸味のないやさしい味に

調理道具 26cm

◉ 材料（2〜3人分）

ズッキーニ	1本（150g）
赤パプリカ	1個（150g）
にんじん	½本（75g）
A にんにく(すりおろす)	¼かけ
酢、水	各大さじ3
塩	小さじ1
オリーブ油(マリネ液用)	大さじ3
オリーブ油(焼き用)	小さじ1

野菜の 焼きびたし

> コツ
> 作り方はマリネと同じ。なのに、
> ひとさじのゆずこしょうで一気に和の一品に

調理道具 26cm

◉ 材料（2〜3人分）

グリーンアスパラガス	4本（80g）
エリンギ	2本（100g）
れんこん	½節（100g）
サラダ油	大さじ2
A ゆずこしょう	小さじ1
酢	大さじ3
みりん	大さじ2
しょうゆ	少々

野菜の焼きびたし

作り方

下ごしらえ

1 バットにAをまぜあわせる。アスパラガスは下から⅓～½のかたい皮をピーラーでむき、長さを半分に切る。

2 エリンギは縦半分に切る。れんこんは皮をむき8mm厚さの半月切りにする。

焼く

3 フライパンに油を**中火**で熱し、れんこんを並べて**2分**焼く。裏返してさらに**2分**焼く。れんこんを取り出し、熱いうちにAにつける。

4 アスパラガス、エリンギも同様に焼く。

つける

5 〈ここが大事！〉4を取り出して熱いうちにAのバットに加え、**30分**味をなじませて器に盛る。

> **POINT**
> 「焼き野菜のマリネ」と「野菜の焼きびたし」の野菜と調味料は、入れ替えてもおいしく食べられます。

焼き野菜のマリネ

作り方

マリネ液を作る

1 バットにAをまぜ、オリーブ油を少しずつ加えながらまぜあわせる。

> **POINT**
> 水と油はまざりにくいので、一気にまぜるのはNG。攪拌しながらオリーブ油を少しずつ加えて。

下ごしらえ

2 ズッキーニはヘタを切り、1cm幅の輪切りにする。

3 にんじんは、皮つきのまま8mm幅の輪切りにする。パプリカは縦半分に切ってヘタと種を取り、繊維に沿うように2cm幅に切る。

焼く

4 フライパンにペーパータオルでオリーブ油を薄く塗って**中火**で熱し、野菜を並べる。**強めの中火**にして**3～4分**焼き、裏返して焼き色がつくまで**2～3分**焼く。

中 → 強めの中

つける

5 〈ここが大事！〉熱いうちに1に入れ、**30分**味をなじませて器に盛る。

> **POINT**
> 熱々のうちにマリネ液につけると、酢の酸味がほどよくとんで、まろやかになります。

キャベツの浅漬け

> コツ
> 「えっ？漬け物屋さんで買ったの？」と言われる秘密は、調味液の砂糖にあり

◉ 材料 (2〜3人分)
キャベツ……………………… ¼個 (300g)
A 水 ………………………………… ½カップ
　砂糖 …………………………… 大さじ1½
　塩 ………………………………… 大さじ1
ゆず(またはレモン)の輪切り … ½個分
ゆず(またはレモン)の搾り汁 … 大さじ1

スモークサーモンと玉ねぎのマリネ

> コツ
> 玉ねぎのマリネを作ったら10分待つ。これで辛みが一気にやわらぐ

◉ 材料 (2人分)
スモークサーモン ………………… 10枚
玉ねぎ ……………………………… 1個 (200g)
A 酢 ………………………………… 大さじ2
　砂糖 ……………………………… 小さじ1
　塩 ………………………………… 小さじ½
オリーブ油 ………………………… 大さじ3
レモン ……………………………… ½個

きゅうりとかにかまの酢の物

> コツ
> この合わせ酢の絶妙な配合にすればすっぱくなりすぎない

◉ 材料 (2人分)
きゅうり …………………………… 2本
塩(板ずり用) ……………………… 小さじ2
かに風味かまぼこ ………………… 4本 (50g)
A (まぜておく)
　水 ………………………………… 大さじ3
　塩 ………………………………… 小さじ½
しょうが(せん切り) … ¼かけ(薄切り2枚)
B 酢 ………………………………… 大さじ2
　砂糖、水 ………………………… 各大さじ1
　塩 ………………………………… 小さじ½

きゅうりと かにかまの酢の物

作り方

下ごしらえ 1
きゅうりに塩をまぶし、板ずりする。洗って水けを拭き、2mm厚さの小口切りにする。ボウルに入れて**A**をまぜ、**20分**おく。

合わせ酢を作る 2
小さめのボウルに**B**の材料をまぜ、砂糖が溶けたらしょうがを加えてまぜあわせる。かにかまは2cm幅に切る。

水けを絞る 3
きゅうりは形がくずれないように、何回かに分けて両手ではさみ、拝むようにして水けを絞る。

まぜる 4
ボウルにきゅうり、かにかま、**2**を加えてまぜ、器に盛る。

スモークサーモンと 玉ねぎのマリネ

作り方

マリネ液を作る 1
ボウルに**A**をまぜ、オリーブ油を少しずつ加えながらまぜあわせる。

下ごしらえ 2
レモンは皮をむいて薄い輪切りにする。

3
玉ねぎは縦半分に切って繊維に沿うように薄切りにする。

まぜる 4
マリネ液に**2**、**3**を入れてまぜる。**10分**おいてからサーモンを加えてまぜあわせ、器に盛る。冷蔵庫で1週間保存可能。

キャベツの浅漬け

作り方

下ごしらえ 1
キャベツはV字に切りこみを入れて芯を取り、5cm四方に切る。

まぜる 2
ボウルに**A**をまぜあわせ、キャベツを加えてよくもみまぜる。

重しをする 3
ラップをのせ、その上に水2カップを入れたボウルをのせて重しをし、そのまま**30分**おく。

ゆずを加える 4
3の水けを絞り、ゆずと搾り汁を加えてまぜる。器に盛り、好みでしょうゆ（分量外）をかける。冷蔵庫で1週間保存可能。

> コツ
> すりばちがなくても、「400回刻み」で
> すりたての香ばしさに

いんげんの
ごま和え

作り方

1 塩でもむ 
いんげんはさっと洗って水けをきる。ボウルに入れて塩をふり、**1分**もむ。

POINT
塩でもんで表面に傷をつけると、味が入りやすくなります。

2 ゆでる 
鍋に3cm深さの湯を沸かし、いんげんを塩ごと入れ、**中火**で**2〜3分**ゆでる。ざるに上げて水けをきり、手早く冷ます。

3 下味をつける 
茎の部分を切り、長さを半分に切る。しょうゆをからめておく。

4 ごまを炒る 
フライパンにごまを入れて**中火**で熱し、木べらを絶えず動かしながら、香ばしく、褐色に色づくまで**6分**ほど炒る。

5 ここが大事！
ペーパータオルの上にあけ、包丁で**400回**ほど刻んでボウルに入れる。

POINT
「大変そう！」と思うかもしれませんが2分あれば刻めます。

6 和える 
ごま、砂糖、しょうゆを入れてまぜあわせ、いんげんを加えて和え、器に盛る。

調理道具
20cm
20cm

◎ 材料（2人分）

さやいんげん	100g
塩	大さじ1
しょうゆ	小さじ1
白炒りごま	大さじ3
砂糖、しょうゆ	各小さじ2

お手軽和え物 3種類

ほうれん草の白和え

調理道具 20cm

材料（2人分）
- ほうれん草……6株（150g）
- **A**（まぜておく）
  - 水……………大さじ2
  - しょうゆ……大さじ1
- 木綿豆腐……½丁（150g）
- 練りごま……大さじ1
- **B** 白みそ、砂糖
  - ………………各大さじ1
  - しょうゆ……小さじ1

1. ほうれん草はP34の**1～4**を参照してゆでる。かるく水けを絞ってバットに入れ、**A**をかけてなじませる。汁けを絞って根元を切り、5cm長さに切る。
2. 豆腐は4つくらいにちぎってざるに入れ、スプーンの背で裏ごしする。ボウルに練りごまを入れてよく練り、**B**を順に加えてまぜる。豆腐を加えてさらに練りまぜる。 
3. **1**の水けをさらに絞って**2**に加えて和え、器に盛る。

ブロッコリーのピーナッツ和え

調理道具 20cm

材料（2人分）
- ブロッコリー……⅓株（100g）
- 塩……………大さじ1
- ピーナッツバター（チャンクタイプ）
  - ………………大さじ4
- **A** 牛乳……大さじ2～3
  - 砂糖…………小さじ2
  - しょうゆ……小さじ1

1. ブロッコリーは小房に切り分け、大きいものは半分に切る。 
2. 鍋に3cm深さの湯を沸かし、塩、ブロッコリーを入れる。**中火**にして**1分**ゆでたら、ざるに上げて水けをきり、手早く冷ます。
3. ボウルにピーナッツバターを入れてよく練り、**A**を順に加えてまぜる。**2**を加えて和え、器に盛る。

小松菜の梅わさびおろし和え

調理道具 20cm

材料（2人分）
- 小松菜………6株（150g）
- **A**（まぜておく）
  - 水……………大さじ2
  - しょうゆ……大さじ1
- 梅干し………1個
- **B** 大根おろし……150g
  - 練りわさび……小さじ½

1. 小松菜はP34の**1～4**を参照してゆでる。かるく水けを絞ってバットに入れ、**A**をかけてなじませる。汁けを絞って根元を切り、5cm長さに切る。
2. 梅干しは、種を取って粗く刻む。ボウルに入れ、**B**の材料を加えてまぜあわせる。**1**を加えて和え、器に盛る。

> **コツ**
> じつは「ぬめり」が味しみをブロックしていた!
> しっかり取れば、料亭の仕上がりに

里いもの煮物

調理道具 20cm

⊙ 材料（2人分）
里いも ･･････ 10個（正味350〜400g）
塩 ････････････････････････ 大さじ1
A 水 ･･････････････････････ 1⅓カップ
　しょうゆ ･････････････････ 大さじ3
　みりん ･･･････････････････ 大さじ2
　砂糖 ････････････････････ 大さじ1

> **コツ**
> ひき肉は最後に入れると、うまみたっぷりに。
> 箸がどんどん進むやさしい味

かぼちゃのそぼろ煮

調理道具 20cm

⊙ 材料（2人分）
かぼちゃ ･････････ ¼個（正味350g）
A 水 ･････････････････････ 1⅓カップ
　みりん ･･････････････････ 大さじ3
　しょうゆ ････････････････ 大さじ1
　砂糖 ････････････････････ 小さじ2
B ［まぜておく］
　豚ひき肉 ･････････････････････ 80g
　片栗粉 ･･････････････････ 大さじ1
　砂糖、しょうゆ ････････ 各小さじ2

かぼちゃのそぼろ煮

作り方

下ごしらえ

1 かぼちゃはスプーンで種とワタを取り、4〜5cm角に切る。

2 皮を、ところどころむく。

POINT かぼちゃは皮がかたいので、ところどころむいておき、味のなじみをよくします。

煮る

3 フライパンにAを入れて**強火**にかけ、煮立ったらかぼちゃの皮目を下にして入れる。

4 再び煮立ったら、ぬらして水けをかるく絞ったペーパータオルをのせ、フタをして**弱火**で**12〜15分**煮る。

5(ここが大事!) フライパンを傾けて煮汁にBを入れ、菜箸でくずしながら**中火**で煮る。

POINT ひき肉をあとから加えるとかたくならず、肉のうまみも味わえます。

6 とろみがつき始めたら、ひき肉と煮汁をスプーンでかけてまんべんなくからめ、器に盛る。

里いもの煮物

作り方

下ごしらえ

1 里いもは洗って泥を落とし、ざるに上げて皮をよく乾かす。

POINT 皮を乾かすと、皮をむくときにぬめりが出にくくなり、手がかゆくなりません。

2 上下を少し切り落とし、包丁を縦に6〜8回入れて皮をむく。

3(ここが大事!) ボウルに入れ、塩をまぶして**30秒**もむ。

POINT 塩でもんでぬめりを出しきると、煮ている間にぬめりが出にくくなります。

4 さっと洗って水けをきり、乾いたペーパータオルでしっかりと水けを拭き取る。

煮る

5 フライパンにAを入れて**強火**にかけ、煮立ったら里いもを入れる。再び煮立ったらぬらして水けをかるく絞ったペーパータオルをのせる。フタを少しずらしておき**弱火**で**15〜18分**煮る。

蒸らす

6 火を止めてフタをし、そのまま**10分**蒸らして、器に盛る。

> コツ
> いったん火を止めて調味料をからめると
> こげつかず全体にコクと照りが出る

きんぴらごぼう

調理道具
26cm

⦿ 材料（2人分）
ごぼう……………………1本（150g）
にんじん…………………1/3本（50g）
ごま油……………………大さじ1
A（まぜておく）
　しょうゆ、みりん……各大さじ2
　砂糖………………………小さじ1
　赤唐辛子…………………1/2本
ごま油（仕上げ用）………少々

作り方

下ごしらえ

1 ごぼうはたわしで洗い、水をはったボウルにつけながらスプーンで皮をこそげ取り、さっと洗う。

POINT ごぼうは空気にふれると変色してしまうので、水につけながら皮をむきます。

2 5mm厚さの斜め薄切りにし、さらに5mm幅の細切りにする。
水に **5分** さらしてざるに上げ、ペーパータオルでつかむように水けを拭く。

POINT 水けをしっかりと拭くと、火の通りがよくなり、炒め時間が短縮できます。

5mm幅

3 にんじんは皮をむき、ごぼうよりやや細く切る。Aの赤唐辛子は水に **10分** つけてやわらかくし、小口切りにする。

炒める

4 フライパンにごま油を **中火** で熱し、ごぼうを入れて広げ、**1分** ほど動かさずに焼く。菜箸でまぜながら **2〜3分** 炒め、にんじんを加えてひとまぜする。

POINT あとからにんじんを入れると、色がきれいに仕上がり、形もくずれません。

5 フライパンを一度火からおろしてAを回し入れる。

ここが大事!

POINT 火にかけたまま調味料を入れると、すぐに蒸発してしまいます。火からおろせば味がまんべんなくからみます。

6 再び **中火** にかけ、左の写真のように汁けがなくなるまで炒める。仕上げにごま油をふり、器に盛る。

> コツ
> 乾物くささの原因はアク。
> もみ洗いすれば、アクが抜けてすっきり

切り干し大根の煮物

調理道具
20cm

◉ 材料(作りやすい分量)
切り干し大根‥‥‥‥‥‥‥‥50g
にんじん‥‥‥‥‥‥‥1/3本(30g)
油揚げ‥‥‥‥‥‥‥‥1枚(30g)
A 水‥‥‥‥‥‥‥‥‥‥1 1/2カップ
　みりん‥‥‥‥‥‥‥‥大さじ3
　しょうゆ‥‥‥‥‥‥‥大さじ2
　砂糖‥‥‥‥‥‥‥‥‥小さじ1

> コツ
> 二度揚げなら、ふかしいものようなほくほく感に。
> もちろん外はカリッカリ

大学いも

調理道具
26cm

◉ 材料(作りやすい分量)
さつまいも‥‥‥‥‥‥2本(500g)
揚げ油‥‥‥‥‥‥‥1 1/4～2カップ
A 砂糖、みりん‥‥‥‥各大さじ5
　しょうゆ‥‥‥‥‥‥大さじ1/2
　酢‥‥‥‥‥‥‥‥‥小さじ1/2

大学いも

作り方

1 下ごしらえ
さつまいもは皮をよく洗い、大きめの乱切りにする。水に **5分** さらし、ペーパータオルで水けをしっかりと拭く。

2 揚げる
フライパンにさつまいもを平らに並べ、揚げ油を1.5cm深さ（さつまいもの八分目くらい）まで注ぐ。

3 
フライパンを **中火** にかけ、動かさずに **3〜4分** 揚げる。泡が立ってきたらトングで返しながら、**5〜6分** 揚げて火を通す。

4（ここが大事!）
ペーパータオルを敷いたバットに、さつまいもを一度取り出す。

POINT
一度目は中まで火を通し、二度目で外側をカリッと揚げます。

5 
フライパンを **強火** で **1分** 熱して揚げ油の温度を上げ、**4** を戻し入れる。カリッとするまで揚げたら火を止め、ペーパータオルを敷いたバットに取り出す。

6 たれをからめる
フライパンの油を除いてペーパータオルでかるく拭き、**A** を入れて再び **強火** にかける。煮立ったら **2〜3分** 煮詰め、とろみがついたら **5** を加えて全体にからめ、器に盛る。

切り干し大根の煮物

作り方

1 下ごしらえ（ここが大事!）
切り干し大根はさっと洗ってボウルに入れる。かぶるくらいの水を加え、泡が出るまでもみながら洗い、汚れた水を捨てる。これを **2回** くり返したら、たっぷりの水に **10分** ひたす。

2 
ボウルにぬるま湯をはり、油揚げを **2分** ほどもみ洗いして油を出す。水けを絞って5mm幅に切る。

3 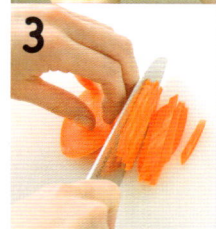
にんじんは皮をむいて3mm厚さの斜め薄切りにし、さらに3mm幅の細切りにする。

POINT
煮ている間に形がくずれないよう、にんじんは少し太めの細切りに。

4 煮る
鍋に **A** を入れて **中火** にかけ、煮立ったら水けを絞った切り干し大根、油揚げ、にんじんを入れてひとまぜする。

5 
再び煮立ったらぬらして水けを絞ったペーパータオルをのせ、さらにフタをして **中火** のまま **15分** 煮る。

6 蒸らす
火からおろして、菜箸で底から返すようにひとまぜする。フタをしてそのまま **20分** ほど蒸らして味を含め、器に盛る。

> **コツ**
> ふんわり、とろとろの秘訣は、卵液を高～いところから流し入れて、空気を含ませること

スクランブルエッグ

調理道具 20cm

● 材料（2人分）
卵	4個
A 生クリーム	大さじ3
塩	小さじ¼
こしょう	少々
サラダ油	大さじ1
パセリ	適量

> **コツ**
> 四角いフライパンがなくても「縁寄せ巻き」ならきれいに仕上がる

丸いフライパンで卵焼き

調理道具 26cm

● 材料（2人分）
卵	4個
まぜておく	
砂糖、水	各大さじ2
しょうゆ	小さじ1
塩	ふたつまみ
サラダ油、しょうゆ	各適量
大根おろし	適量

丸いフライパンで卵焼き

作り方

1　卵液を作る
卵は焼く直前にボウルに割りほぐし、Aを加えてまぜる。

2　焼く
フライパンにペーパータオルで油を薄く塗り、**中火**で熱する。フライパンを一度火からおろし、卵液をおたま1杯半入れる。

3 
再び**中火**にかけ、**10秒**ほどおいて縁が固まってきたら、ゴムべらで卵を外側から内側に寄せて一回り小さくする。

POINT
縁を寄せることで、卵が巻きやすくなります。

ここが大事！

4 
ゴムべらを使い、卵を向こう側から手前に向かって巻いていく。巻き終わったら、卵を向こう端に寄せる。

5 
手前に油を塗る。フライパンを火からおろして卵液をおたま1杯分入れ、再び**中火**で**30秒**ほど焼く。ゴムべらで一回り小さくし、卵に巻きつける。これをさらに**2回**くり返す。

6　形をととのえる
表面に焼き色がついたらアルミホイルにとり、包んで形をととのえる。粗熱がとれたら食べやすい大きさに切る。器に盛り、大根おろしを添えてしょうゆをかける。

スクランブルエッグ

作り方

1　卵液を作る
卵は焼く直前にボウルに割りほぐし、Aを加えてまぜる。

POINT
卵料理すべてにいえますが、ほぐしてから時間がたつとコシがなくなるので、割りほぐすのは直前に。

2　焼く
フライパンに油を**中火**で熱し、高いところから卵液を流し入れる。

POINT
30cmくらいの高さから注ぐと、適度に空気が含まれ、ふわっとします。

ここが大事！

3 
20秒そのまま焼き、まわりが固まってきたらゴムべらなどで大きく**30回**まぜる。半熟状になったらフライパンを火からおろす。

4 
さらに**10〜15回**まぜて余熱で火を通す。器に盛り、パセリを添える。

MINI COLUMN

卵焼きのバリエーション

お弁当の登場回数も多い卵焼き。食材を1、2個足すだけでもレパートリーが増やせるメニューです。たとえばかにかまとしいたけを炒めてまぜれば、かに玉風に変身。刻んだねぎとじゃこを加えれば、おつまみにもぴったり。基本を押さえたら、アレンジを楽しんでみてください。

LESSON 5

いつもと違う おいしさに出会える ご飯、麺、汁物

毎日食べるご飯や汁物。
どんぶりやパスタ、みそ汁などは
「適当に作ってもそれなりに食べられちゃう」からといって
ついつい慣れで作ってしまいがち。
でも、だからこそ一度きちんとレシピどおり作って
自分の味と比べてみてください。
しょっちゅう食べるものが多いので
ひそかにたくさん練習できますよ。

> コツ
> 具からじわっと味がしみ出す秘密は
> 具に下味をからめておくこと

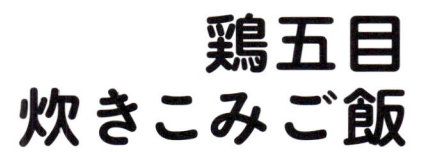

鶏五目炊きこみご飯

🕐 1時間以上

⊙ 材料（2〜3人分）

- 米 ……… 2合 (360ml)
- 鶏もも肉 …… 1枚 (250g)
- ごぼう ……… 1/3本 (50g)
- にんじん …… 1/3本 (50g)
- しいたけ …… 4個 (60g)
- A （まぜておく）
  - しょうゆ …… 小さじ4
  - みりん ……… 小さじ2
- B （まぜておく）
  - しょうゆ …… 小さじ1
  - 塩 ………… 小さじ1/2
  - 水 ………… 1 1/2 カップ
- 青のり ……… 適量

作り方

1 下ごしらえ
米はP38を参照してとぐ。ごぼうはスプーンで皮をこそげ取り、ピーラーで短いささがきにする。水に**5分**さらし、ざるに上げて水けをきる。

2 
にんじんは皮をむいて5mm幅のいちょう切りに、しいたけは軸を切って薄切りにする。鶏肉は皮と身の間の余分な脂肪を取り除き、2cm角に切る。

3 下味をからめる ここが大事！
ボウルにごぼうと2を入れ、Aを加えてよくからめる。

POINT
ご飯に味がつくだけでなく根菜類や大きめの鶏肉にもしっかり味が行き渡ります。

4 炊く
炊飯器の内釜に米を入れてBを注ぐ。表面を平らにして3を汁ごと入れて炊く。炊き上がったら、しゃもじで底から返して上下を切るようにまぜる。器に盛り、青のりをふる。

オムライス

とろとろオムレツとしっかり味のケチャップライスで
お店のような極上オムライスが完成！

調理道具 20cm / 26cm

材料（2人分）

ケチャップライス
- 温かいご飯　　茶碗2杯分（400g）
- ウインナーソーセージ　　4本
- ピーマン　　2個（60g）
- 玉ねぎ　　½個（100g）
- サラダ油　　大さじ1
- トマトケチャップ　　大さじ8
- 塩、こしょう　　各少々

オムレツ（1人分）
- A　卵　　2個
- マヨネーズ　　大さじ½
- 塩、こしょう　　各少々
- サラダ油　　大さじ½
- トマトケチャップ　　適量

作り方

ケチャップライスを作る

1 ソーセージは1cm幅に切る。ピーマンは縦半分に切ってヘタと種を取り、玉ねぎとともに1cm角に切る。

2 26cmのフライパンに油を**中火**で熱し、ソーセージ、ピーマン、玉ねぎを順に加えて動かさずに**2分**焼く。
木べらで底から返しながら全体をまぜ、中央をあけてご飯を入れる。フライパンの縁まで広げて動かさずに**2分**焼き、再び全体をまぜる。

3 中央をあけてケチャップを入れ、フツフツと煮立ったらかるくまぜあわせる。**強めの中火**にしてご飯を縁まで広げ、**30秒**焼く。全体を**1分**まぜたら再びご飯を広げ、**30秒**焼く。これを**3〜4回（5〜6分）**くり返したら、塩、こしょうをふって味をととのえる。皿に½量ずつ平らに盛る。

POINT 焼きつけてからまぜることで、ご飯の片側に効率よく熱が伝わり、水分がとんでパラリとなります。

オムレツを作る

4 1人分ずつオムレツを作る。ボウルにAを入れ、菜箸で**30回**ほどまぜてほぐす。20cmのフライパンに油を**強火**で**2分**ほど熱し、一気に流し入れる。

POINT マヨネーズのかたまりは残っていてもOK。卵をふんわりさせてくれます。

5 すぐにゴムべらで大きく**20〜30回**まぜる。フライパンを火からおろし、手前から向こう側に向かって、卵を徐々にまとめる。

POINT 卵は余熱で秒単位で固まります。「まだ火が通っていないかな」と思っても、20〜30回まぜたらすぐに火からおろしましょう。

盛りつけ

6 再び**30秒**ほど**中火**で焼いたあと火からおろす。オムレツの下にゴムべらを入れ、勢いよく手前にパタンと返し、フライパンの手前に寄せて形をととのえる。もう1人分も同様に作る。ケチャップライスの上にオムレツをのせる。包丁で縦に1本切り目を入れて左右に開き、ケチャップをかける。

フライパンパエリア

> コツ
> 魚介のうまみをたっぷり吸った
> ご飯の香ばしさが魅力

1時間以上 ／ 調理道具 26cm

◉ 材料（2〜3人分）

- 米（とがない）……… 2合（360ml）
- 水 …………………… 大さじ2
- サフラン …………… 小さじ1
- **A** まぜておく
  - オレンジジュース（果汁100%）…… 1カップ
  - タイム（フレッシュ）……………… 2枝
  - カレー粉 …………………………… 小さじ½
  - 塩 …………………………………… 小さじ1
  - 水 …………………………………… 1¼カップ
- あさり（砂出しする→P85参照）…… 12個
- 鶏もも肉 …………… 1枚（250g）
- **B** 塩 …………… 小さじ½
  - こしょう ………… 少々
- えび（殻つき）……… 6尾
- 玉ねぎ ……………… ½個（100g）
- にんにく …………… 1かけ
- ミニトマト ………… 4〜6個
- オリーブ油 ………… 大さじ2
- ライム（くし形切り）… 3切れ

作り方

下ごしらえ

1 水にサフランをつけて**10分**おき、水ごと**A**に加える。

POINT サフランを使うことでパエリアらしい色と風味が出ます。

2 あさりは殻と殻をこすりあわせて洗う。鶏肉は皮と身の間の余分な脂肪を取り除き、4cm角に切って**B**をふる。
えびは殻つきのまま包丁で背に浅い切り目を入れ、あれば背ワタを取る。玉ねぎ、にんにくはみじん切りにする。トマトはヘタを取って横半分に切る。

4cm角

炒める

3 フライパンにオリーブ油大さじ1を**中火**で熱し、鶏肉を入れて両面に焼き色がつくまで**3分**焼く。えびを加えて木べらで**2〜3分**炒め、両方とも取り出す。

4 フライパンに残りのオリーブ油を**中火**で熱し、玉ねぎ、にんにくを入れて**2分**炒める。米を加え、米の粒が温まるまで**3分**炒める。

POINT 米はとがずに炒めます。米の一粒一粒に油の膜ができるので、ご飯がベチャッとなりません。

炊く

5 1を加えてよくまぜ、**強めの中火**にして**3分**煮立てたら、表面を平らにして鶏肉、えび、あさりをのせる。フタをして再び煮立ったら、**弱火で22〜24分**炊く。

6 フタを取って**強火**で**1〜2分**熱し、フライパンの縁や底のご飯が焼けておこげができたら火を止める。
トマトをのせ、フタをしてそのまま**10分**蒸らし、ライムを添える。

POINT 強火で余分な水分をとばし、おこげを作ります。最後は10分蒸らして味を中までしみこませて。

チャーハン

> コツ
> ご飯は「炒める」ではなく「焼く」が
> パラリとしたプロ級チャーハンへの近道

調理道具 26cm

⊙ 材料（2人分）

冷やご飯	茶碗2杯分（400g）
A 豚ひき肉	50g
にんじん	1/5本（30g）
ピーマン	2個（60g）
ねぎ	1/2本（50g）
卵	2個
塩（卵用）	2つまみ
ちりめんじゃこ	大さじ3
ごま油	大さじ2
塩（仕上げ用）	小さじ1/2
しょうゆ	小さじ2

作り方

下ごしらえ

1 Aのにんじんは皮をむき、ピーマンは縦半分に切ってヘタと種を取り、ねぎとともに5mm角程度の粗みじんに切る。

粗みじん

2 ボウルに卵を溶き、ご飯、塩を入れ、木べらで均一になるまでよくまぜる。

POINT
溶き卵でご飯の一粒一粒をコーティングしておくと、火を入れたときに卵がかたまり、ご飯がパラパラになります。

炒める

3 フライパンにごま油大さじ1を**中火**で熱し、Aを入れて広げ、動かさずに**1分**焼く。じゃこを加え、**2分**炒めて取り出す。

4 フライパンに残りのごま油を**中火**で熱し、2を入れて縁まで広げる。3を広げてのせ、動かさずに**1分**焼く。

ここが大事！

5 木べらで底から返すように**30秒**まぜあわせたら、フライパンの縁まで広げ、動かさずに**30秒**焼く。これを**3回（3分）**ほどくり返す。

POINT
まぜ始めは木べらが重く感じますが、どんどん卵に火が通り、水分がとんで軽くなっていきます。

6 塩をふってまぜ、しょうゆをフライパンの縁から回し入れてかるくまぜたら、器に盛る。

> コツ
> サラダ油を使えば
> 酢飯がベチャッとならずパラリと仕上がる

ちらしずし

調理道具: 26cm
時間: 1時間以上

◉ 材料（2〜3人分）

米	2合（360ml）
サラダ油（すし飯用）	小さじ½

A（まぜておく）
酢	大さじ3
砂糖	大さじ1
塩	小さじ1

B（まぜておく）
卵	3個
砂糖	大さじ2
酒	大さじ1
片栗粉	小さじ2
塩	小さじ¼

サラダ油（錦糸卵用）	適量
焼きのり（全形）	1枚
刺身（まぐろ、鯛などあわせて）	200g
いくらのしょうゆ漬け、青じそ、しょうゆ	各適量

作り方

1 すし飯を作る（ここが大事！）
米はP38を参照してとぐ。炊飯器の内釜に米を入れ、水1½カップ、サラダ油を加えて普通に炊く。炊き上がったら大きめのボウルに移し、**A**を加えてしゃもじで切るようにまぜて広げる。

2 
乾燥を防ぐため、ぬらして水けを絞ったペーパータオルをかけ、ふんわりとラップをして粗熱をとる。

3 錦糸卵を作る
フライパンにペーパータオルで油を薄く塗って**中火**で熱し、**B**の½量を入れる。表面が乾いたら菜箸で裏返し、さっと焼いて取り出す。残りも同様に焼く。

4 盛りつけ
粗熱がとれたら、2枚いっしょに筒状にして細切りにする。器にすし飯を盛り、のりをちぎってのせ、錦糸卵をちらす。刺身、いくら、青じそをのせ、しょうゆをかけていただく。

> **コツ**
> 体にやさしくしみわたる全粥。
> 吹きこぼれやすいのでフタを少しずらすのがキモ

全粥

調理道具 20cm鍋
1時間以上

⊙ **材料(2人分)**
米 ……… 1合(180ml)
水 ……… 5カップ

1. 米はP38を参照してとぐ。
2. 鍋に米を入れて水を注ぐ。フタをして**中火**にかけ、煮立ったらひとまぜする。
3. **ごく弱火**にし、フタを少しずらしてときどきまぜながら**40分**炊く。火を止め、フタをして**10分**蒸らし、器に盛る。

ひとまぜ

フタを少しずらす

> **コツ**
> さらりとした五分粥は、米の量を全粥の
> 半分にすればOK

五分粥

調理道具 20cm鍋
1時間以上

⊙ **材料(2人分)**
米 ……… ½合(90ml)
水 ……… 5カップ

作り方は全粥と同じ。水の量をかえるだけで、五分粥だけでなく七分粥、九分粥も作れます。

炊きこみ赤飯

> ささげは「さっとアク抜き」すればはじめてでもきれいな赤色に！

1時間以上

⊙ 材料（2〜3人分）
- もち米 ……………… 1½合（270ml）
- うるち米 …………… 1½合（270ml）
- ささげ（またはあずき）…… ⅓カップ（50g）
- 塩 ……………………… 小さじ½
- ごま塩 ………………………… 適量

作り方

ささげをゆでる

1 ボウルにささげを入れてたっぷりの水を注ぎ、3時間〜半日つける。ざるに上げて水けをきる。
もち米とうるち米は合わせ、P38を参照してとぐ。

2 鍋にささげを入れてかぶるくらいの水を注ぎ、**中火**にかける。写真のように煮立ったらすぐざるに上げて水けをきる。

＜ここが大事！＞

POINT
まずはささげのアク抜きのために下ゆでをします。これをしておくと味がすっきりし、色も黒ずまずきれいに仕上がります。

3 鍋にささげを戻し入れ、水3カップを加えて**強火**にかける。

4 煮立ったらフタをして、**弱火**で**20分**ゆでる。火を止めてそのまま粗熱をとる。

炊く

5 4をざるに上げ、ささげとゆで汁に分ける。ゆで汁に、合わせて2⅓カップになるように水を足し、塩を加える。

POINT
ささげのゆで汁には、うまみと色素があるので炊くときの水分として使います。

6 炊飯器の内釜に1の米を入れ、5のゆで汁と水を合わせたものを注いで、ささげをのせて炊く。炊き上がったら、しゃもじで底から返すようにざっとまぜ、器に盛ってごま塩をふる。

> **コツ**
> とろとろに仕上げるための鉄則は、卵をほぐしすぎないこと。10回まぜるだけでOK

親子丼

調理道具 20cm

⦿ **材料（2人分）**

鶏もも肉……………½枚（125g）
玉ねぎ………………¼個（50g）
A まぜておく
　しょうゆ…………大さじ2
　砂糖、みりん……各大さじ½
　水…………………⅔カップ
卵……………………2個
三つ葉………………10g
温かいご飯‥茶碗2杯分（400g）

作り方

1 下ごしらえ
鶏肉は皮と身の間の余分な脂肪を取り除き、3cm角に切る。玉ねぎは8等分のくし形切りにする。三つ葉は食べやすい大きさに切る。

2 煮る
フライパンにAを入れて**中火**にかける。煮立ったら鶏肉、玉ねぎを加え、ときどき上下を返しながら**3〜4分**煮る。

3 卵でとじる ここが大事！
ボウルに卵を割り入れ、菜箸を立てて卵白をやっと切れる程度に**10回**まぜてほぐす。

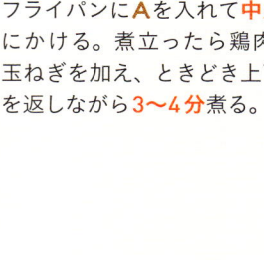

4
2に溶き卵½量をおたまで回し入れ、フタをして**中火**で**30秒〜1分**煮る。残りの卵液を回し入れ、フライパンを揺すって半熟状になるまで火を通す。ご飯に盛り、三つ葉をちらす。

コツ: 牛肉はとろけるようにやわらか。調味料を加えるタイミングさえ守れば、失敗なし！

牛丼 手作り温玉のせ

調理道具
- 20cm
- 26cm
- 1時間以上

材料（2人分）
- 牛ロース薄切り肉……150g
- 玉ねぎ……1個（200g）
- サラダ油……小さじ2
- A **まぜておく**
  - 酒……½カップ
  - しょうゆ……大さじ3
  - 砂糖……大さじ1½
- 温かいご飯……茶碗2杯分（400g）
- 卵……2個
- 紅しょうが……少々

作り方

1 温泉卵を作る 
卵は作る**30分前**に冷蔵庫から出し、室温にもどす。鍋に1ℓの湯を沸かし、水1カップを加えて火を止める。おたまで静かに卵を入れ、フタをして**30〜35分**おいて取り出す。水にはとらない。

2 下ごしらえ 
玉ねぎは繊維に沿って薄切りにする。

3 煮る （ここが大事！）
フライパンに油を熱し、玉ねぎを広げて**中火**で**2分**焼き、上下を返して炒める。しんなりとしたら牛肉を入れ、肉の色が半分ほど変わったら、**A**を回し入れてそのまま**中火**で**4〜5分**煮る。

4 盛りつけ 
器にご飯と**3**を盛り、温泉卵を割ってのせ、紅しょうがを添える。

> **コツ**
> 強いコシを生み出す秘訣は「フライパンゆで」。
> だしをきちんととれば、シンプルなのにおいしい!

あっさりうどん

調理道具
20cm
26cm

⊙ **材料(2人分)**

冷凍うどん	2玉
わかめ(塩蔵)	50g
笹かまぼこ	2個(50g)
A だし(P183参照)	3カップ
うす口しょうゆ	大さじ2
みりん	大さじ1
梅干し	2個

作り方

1 下ごしらえ 
わかめはさっと洗って塩けを取り、かぶるくらいの水に**10分**ひたす。ざるに上げて水けをきり、2〜3cm幅に切る。笹かまは斜め半分に切る。

2 ゆでる 
フライパンにうどんを並べ、水2カップを全体にかける。フタをして**強火**にかけ、煮立ったら菜箸でよくほぐす。ざるに上げて水けをしっかりときり、器に盛る。
ここが大事!

3 つゆを作る 
鍋にAを入れ、**中火**にかけて煮立てる。

4 盛りつけ 
2にわかめ、笹かま、梅干しをのせ、3をかける。

> **コツ**
> そばの「のどこし」を決めるのは、ゆでたあとの
> すばやい冷却と、しっかりとしたぬめり取り

そばつゆ&そば

調理道具
- 16cm
- 20cm

材料（2人分）

そばつゆ
- A 水 ………… ½カップ
- しょうゆ、みりん
  ………… 各⅓カップ
- 削り節 ……… 4袋（20g）

乾そば ………………… 200g
しょうが ……………… 1かけ
ねぎ ………………… ½本（50g）
青じそ ………………… 4枚

作り方

1 そばつゆを作る
16cmの鍋にAを入れて**中火**にかけ、**2分**煮立てる。ざるでこしてボウルに入れ、水を加える。粗熱をとり、そのまま冷蔵庫でよく冷やす。

2 薬味を切る
しょうがはスプーンで皮をこそげ取り、せん切りにする。ねぎは縦半分に切り、斜め細切りにする。青じそはせん切りにする。すべてを合わせ、水に**5分**さらし、ざるに上げて水けをきる。

3 そばをゆでる
20cmの鍋にたっぷりの湯を沸かし、そばを広げ入れる。菜箸でよくまぜ、沸騰したら**中火～強火**で表示時間にしたがってゆでる。ふきこぼれそうになったら、水½カップの差し水を加える。
（中～強）

4 ここが大事!
ざるに上げ、すぐにざるごと冷水のボウルにつける。さらに流水にさらしながら麺同士を手でこすりあわせ、ぬめりを取る。
水けをきって器に盛り、**2**の薬味、そばつゆを添える。
（中）

スパゲティ
ミートソース

肉のうまみと食感を味わえるミートソースは、牛ひき7割、豚ひき3割が黄金比率

調理道具：26cm、20cm

材料 (2人分)

- スパゲティ (1.6mm) ……… 180〜200g
- ミートソース
  - 牛ひき肉 ……………………… 70g
  - 豚ひき肉 ……………………… 30g
  - にんじん ………………… ¼本 (40g)
  - しいたけ ………………… 4個 (60g)
  - 玉ねぎ …………………… ¼個 (50g)
  - にんにく ……………………… 1かけ
  - ホールトマト (缶詰) …… 1缶 (400g)
  - 白ワイン、オリーブ油 …… 各大さじ2
  - 小麦粉 ……………………… 小さじ1
  - A（まぜておく）
    - トマトケチャップ、中濃ソース
      …………………………… 各小さじ1
    - 塩 ………………………… 小さじ½
  - 粉チーズ ………………… 大さじ3〜4
  - パセリ (みじん切り) ………………… 適量

作り方

下ごしらえ

1 にんじんは皮をむき、しいたけは軸を切り、玉ねぎ、にんにくとともにみじん切りにする。

みじん切り

2 ボウルにホールトマトを入れて手で粗くつぶし、白ワインを加える。

ソースを作る

3 フライパンにオリーブ油、にんにくを**中火**で熱し、香りを出す。
1の残りを加え、**4分**炒める。

4 ひき肉を加えて炒め、肉の色が半分ほど変わったら、小麦粉をふり入れて**1分**炒める。

POINT
小麦粉をひき肉にまぶすと、肉のうまみが閉じこめられ、ソースにほどよくとろみがつきます。

5 2を加えて**強火**にかける。煮立ったら**A**を加えて**弱火**で**10分**煮る。

スパゲティをゆでる

6 鍋に2ℓの湯を沸かして1%の塩(20g)を加え、スパゲティを**中火**で袋の表示時間より**1分短め**にゆでる。ゆで汁をきって器に盛り、ミートソースをかけ、粉チーズ、パセリをふる。

POINT
表示時間の1分前に引き上げれば、少し芯が残ったアルデンテの状態が楽しめます。

スパゲティ カルボナーラ

> **コツ** スパゲティを炒めて100℃以上にするとからめたソースがとろっとろに！

調理道具 26cm / 20cm

● 材料（2人分）

スパゲティ(1.6mm)	180〜200g
粒黒こしょう	少々
ベーコン	3枚（60g）
にんにく	½かけ
A 卵黄	3個
生クリーム	½カップ
粉チーズ	大さじ3
オリーブ油	大さじ1

作り方

ソースを作る

1. 粒黒こしょうはペーパータオルにはさみ、スプーンで上から押してつぶす。

   粒黒こしょうはこれくらいまでつぶす

2. 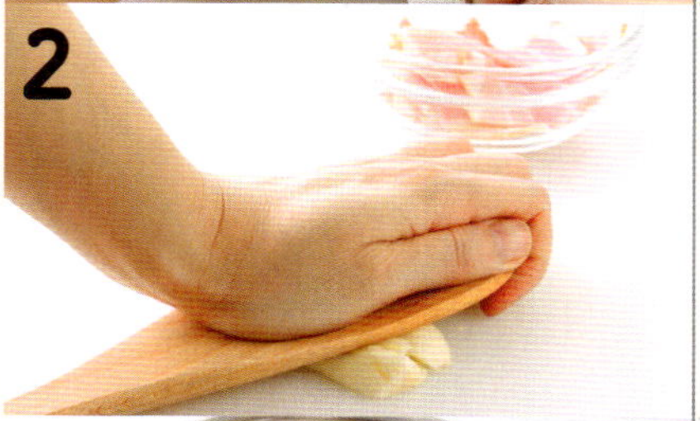 ベーコンは2cm幅に切る。にんにくは木べらの腹を当てて上から押してつぶす。

   にんにくはこれくらいまでつぶす

3.  大きめのボウルにAを入れてまぜあわせる。

スパゲティをゆでる

4. 鍋に2ℓの湯を沸かして1%の塩（20g）を加え、スパゲティを**中火**で袋の表示時間より**2分短め**にゆで、ざるに上げてゆで汁をきる。スパゲティをゆで始めたところで、5をスタートできるとよい。

   POINT ゆでている間にスパゲティについた塩けも全体のおいしさにかかわるので、塩は割合を守って入れましょう。

炒める

5. フライパンにオリーブ油、ベーコン、にんにくを入れて**中火**にかける。ベーコンから脂が出てカリッとしたら、スパゲティを加えて**30秒**手早く炒める。

   ここが大事！

   POINT スパゲティを油で炒めることで、温度を100℃以上に上げ、熱々の状態にします。

ソースをからめる

6. すぐに3に入れ、ソースを全体にからめる。とろりとしたら器に盛り、1をふる。

   POINT 熱したスパゲティにソースがからむと、卵とチーズに熱が加わり、とろりとしたカルボナーラに。

165 / LESSON 5

> ペンネは「ラスト2分」でソースをからめると穴の中までトマトソースがなじむ

ペンネアラビアータ

調理道具
20cm鍋
26cmフライパン

◉ 材料（2人分）
- ペンネ …………… 160g
- ホールトマト（缶詰）………… 1缶（400g）
- 塩 ……………… 小さじ1/3
- にんにく ………… 1かけ
- 赤唐辛子 ………… 2本
- オリーブ油 ……… 大さじ3
- 砂糖、オリーブ油 … 各小さじ1

作り方

1 下ごしらえ
鍋に2ℓの湯を沸かして1%の塩（20g）を加える。
ボウルにホールトマトを入れて手で粗くつぶし、塩を加える。
赤唐辛子は半分にちぎってかるくふり、種を取る。にんにくはみじん切りにする。

2 ソースを作る
フライパンにオリーブ油、にんにくを入れ**弱火**で熱する。にんにくが色づいたら赤唐辛子を加えて火からおろし、1の湯を1/2カップ加える。

3
再び火にかけ、1のホールトマトを加えて**強火**にする。煮立ったら、汁けが1/2量になるまで**弱火**で**12〜13分**煮詰め、砂糖を加える。

4 からめる
1の湯にペンネを入れ、袋の表示時間より**2分短め**にゆで、ざるに上げてゆで汁をきる。3に加えて**2分**からめて火を通し、オリーブ油を回しかけ、器に盛る。

> ここが大事！

> コツ
> きゅうりの水けをしっかり拭けば
> 時間がたってもベチャッとしない

シンプル卵＆きゅうりサンド

調理道具　⊙ 材料（2人分）

食パン（10枚切り）……… 6枚
卵フィリング
　ゆで卵…………… 4個
　マヨネーズ…… 大さじ4
　塩、こしょう … 各少々
きゅうり …………… 1本
マヨネーズ …… 小さじ8

作り方

1　卵フィリングを作る
ゆで卵は卵黄と卵白に分け、卵黄はボウルに入れてフォークでくずす。
卵白はペーパータオルの上で粗みじんに切り、残りの材料とともにボウルに加えてまぜあわせる。

2　下ごしらえ　※ここが大事！
きゅうりは5mm厚さの長めの斜め薄切りにし、両面をペーパータオルで押さえて水けを拭く。

3　はさむ
パン3枚の片面にマヨネーズを小さじ1ずつ塗る。
1枚目にきゅうり½量をのせ、2枚目のパンをマヨネーズの面を下にして重ね、上にマヨネーズ小さじ1を塗る。

4
1の½量を広げ、3枚目のパンをマヨネーズの面を下にして重ねる。残り一組も同様に作る。
ラップで包んで冷蔵庫で**30分**休ませ、ラップごと3等分に切り分ける。

> 削り節をまぜたみそを使えば
> だしをとらなくてもうまみたっぷり！

基本のみそ汁

調理道具 16cm

◉ 材料（2人分）
- A みそ………大さじ2
- 　水………大さじ1
- 　削り節………1袋（5g）
- 水………2½カップ
- ねぎ………½本（50g）
- 豆腐………⅓丁（100g）

作り方

下ごしらえ

1 ボウルにAを入れてよくまぜあわせる。

2 ねぎは1cm幅に切る。豆腐は2cm角に切る。

煮る

3 鍋に水を入れて強火にかけ、沸騰したらねぎ、豆腐を加える。

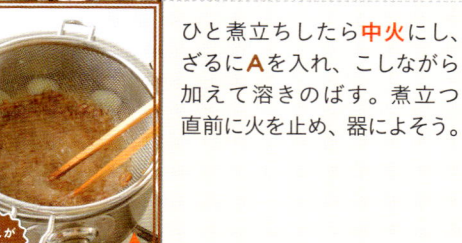

4 ひと煮立ちしたら中火にし、ざるにAを入れ、こしながら加えて溶きのばす。煮立つ直前に火を止め、器によそう。

（ここが大事！）

にら & 油揚げ

◉ 材料（2人分）と作り方
1. にら20gは3cm長さに切り、油揚げ½枚（15g）は油抜きをして3cm角に切る。
2. P168の**3**を参照して鍋ににら、油揚げを加え、**4**と同様に**A**を溶きのばす。

おすすめの具

みそ汁の具は、ほくほく、シャキシャキなど「食感のあるもの」と「うまみやコク、香りのあるもの」から1種類ずつ選ぶと、全体のバランスがよくなり、おいしさにつながります。入れる具によってみそ汁の味わいも変わるので、右ページの基本レシピを参考にいろいろな組み合わせを試してみてください。

じゃがいも & 玉ねぎ

◉ 材料（2人分）と作り方
1. じゃがいも1個（150g）は皮をむいて8mm幅の半月切りに、玉ねぎ¼個（50g）はくし形切りにする。
2. P168の**3**を参照して鍋にじゃがいも、玉ねぎを加え、じゃがいもに火が通るまで煮る。
3. **4**と同様に**A**を溶きのばす。

キャベツ & わかめ

◉ 材料（2人分）と作り方
1. キャベツ大1枚（70g）は4cm四方に切る。
2. 塩蔵わかめ20gは洗って塩を取り、かぶるくらいの水に**10分**ひたし、水けをきって2cm幅に切る。
3. P168の**3**を参照して鍋にキャベツ、わかめを加え、**4**と同様に**A**を溶きのばす。

簡単おすまし

> **コツ** だしの香りがふわっと広がる定番のおすましは三つ葉の香りをきかせて上品な味わいに

材料（2人分）

- だし（P183参照）……2カップ
- **A** みりん………小さじ1
- 塩…………小さじ⅓
- しょうゆ………少々
- 麩……………6個
- 三つ葉…………6本

調理道具 16cm

作り方

1. 三つ葉は茎をくるりと結ぶ。 
2. 鍋にだし、**A**を入れて**中火**にかけ、煮立ったら麩を加えて**30秒**煮る。
3. 器に注ぎ、三つ葉をのせる。

かき玉汁

> **コツ** 卵の回し入れには、注ぎ口つき軽量カップが便利。汁の中で卵がふんわりと広がる

材料（2人分）

- **A** だし（P183参照）…2カップ
- みりん………小さじ1
- 塩………小さじ½弱
- うす口しょうゆ…少々
- しいたけ…………2個
- **B**（まぜておく）
  - 片栗粉、だし（または水）………各小さじ2
- 卵………………1個
- 貝割れ菜（根元を切る）………½パック（30g）

調理道具 16cm

作り方

1. しいたけは軸を切って薄切りにする。卵を溶き、計量カップに入れる。
2. 鍋に**A**を入れて**中火**にかけ、煮立ったらしいたけを加えてひと煮する。
3. **B**をもう一度まぜてから少しずつ回し入れ、おたまでまぜながらゆるいとろみをつける。 
4. 煮立ったら溶き卵の½量をゆっくり大きく回し入れ、**5秒**おいて残りも回し入れる。菜箸で大きくまぜて火を止め、貝割れ菜を加えてまぜ、器によそう。

コーンスープ

> コツ
> クリーム＆ホールのダブル使いで
> クリーミーな甘さとつぶつぶ感が楽しめる

⊙ 材料（2人分）

クリームコーン(缶詰)	小1缶 (190g)
ホールコーン(缶詰)	50g
玉ねぎ	¼個 (50g)
バター	10g
A 水	½カップ
塩	小さじ½
牛乳	1カップ
コーンフレーク	適量

調理道具　16cm鍋

作り方

1. 玉ねぎは繊維を断つように薄切りにする。
2. 鍋にバターを**中火**で熱し、玉ねぎを入れて透き通るまで炒める。 
3. クリームコーン、**A**を加えてフタをし、煮立ったら**弱火**にして**5分**煮る。牛乳、ホールコーンを加えてまぜ、フタをせずにさらに**5分**煮る。
4. 器によそい、コーンフレークをのせる。

野菜のポタージュ

> コツ
> 野菜のおいしさを丸ごと食べるポタージュ。
> ミキサーがなくても、フォークでつぶせばOK

⊙ 材料（2人分）

玉ねぎ(繊維を断つように薄切り)	¼個 (50g)
じゃがいも	1個 (150g)
にんじん	1本 (150g)
サラダ油	大さじ1
A (まぜておく)	
水	1½カップ
塩	小さじ½
牛乳	1カップ
塩、こしょう	各少々
パセリ(みじん切り)	適量

調理道具　16cm鍋

作り方

1. じゃがいも、にんじんは皮をむき、2cm角に切る。
2. 鍋に油を**中火**で熱し、玉ねぎを**2分**炒め、じゃがいも、にんじんを加えてさらに**2分**炒める。
3. **A**を注ぎ、煮立ったらフタをして**弱火で20〜25分**煮る。火を止めてフタを取り、フォークでよくつぶす。 
4. 牛乳を注いで**中火**にし、温まったら塩、こしょうで味をととのえる。器によそって、パセリをちらす。

料理は味だけでなく見た目も大切。料理に合った器選びと盛りつけのポイントを覚えれば、食卓に並べたときに「おお～！」と感動の声が上がるかもしれません。また、作るときに材料をレシピどおりに切ることでも、盛りつけが決まりやすくなりますよ。

料理本の写真みたい！
おいしく見える盛りつけのコツ

鉄則は「余白」を悪目立ちさせないサイズ選び

おかずを盛るとき、皿に変な余白ができてしまうとボリューム感がなくなり、せっかくの料理もおいしさが半減。盛りつけで、まずいちばん気をつけたいのが、器のサイズ。料理に合わせて「余白」が気にならないものを選ぶのがポイントです。

NG 余白がありすぎてさみしい

「お皿が大きいほうが豪華そうに見える」と、皿の縁（リム）の幅が広い、大きめのディナー皿を使うと、想像していたよりも「余白」ができてしまい、少しさみしい印象に。また、皿の中心よりもハンバーグを下におくと、まとまりがなく散らかった感じに。

OK 余白の見え方がちょうどいい

1人分のハンバーグなら、皿の大きさが直径24cmくらいだとバランスよく見えます。皿の中心線をイメージし、ハンバーグの上端がそのラインから少し出るくらいの位置にのせて。その上につけ合わせを添えれば、きれいに見えます。

おすすめの形は「楕円形」

料理初心者さんには「楕円の器」がおすすめ。盛りつけたときに変な余白が出にくく、バランスを深く考えなくても盛りつけが決まります。1枚あればハンバーグ、炒め物、パスタなど、さまざまな料理に使えて便利です。

おすすめは、温かみのある「白」

どんな料理とも相性がいいのが「白」。さまざまな質感のものがありますが、表面が少しざらりとして温かみのあるものは、ふだんのおかずをランクアップして見せてくれます。

料理別に練習！ 盛りつけのコツ

サラダ
野菜をふんわり盛る

サラダはレタスなどの野菜がふんわりしていると、おいしそうに見えます。ボウルのように深い器に盛ると、下のほうの野菜がつぶれてしまうので、縁が少し立ち上がった皿か、浅めの鉢に盛るのがベストです。

パスタ
麺は一度に盛らない

パスタは平皿ではなく、縁がゆるやかに立ち上がっている器に盛ったほうが、ソースの広がりをおさえることができるうえ、きれいに見えます。パスタは一度に盛らず、何回かに分けて盛りましょう。トングを使うのがおすすめ。

煮物
大きさ、彩りのバランスが大切

さまざまな形や大きさの具を使った煮物は、盛りつけに悩む料理。フライパンや鍋から流しこむように器に入れるとまとまりがなくなってしまいます。大きめの具材を中心に、ほかの具材をバランスよく配置し、中心を高く盛りましょう。深くて寸胴の器は避けたいもの。

汁物
具を見せる

みそ汁、すまし汁、豚汁などの汁物は、具がしっかり見えていると食欲をそそります。深いお椀によそうと、具が沈んで見えなくなってしまうので、できるだけ浅めのものを選んで盛りつけて。

炒め物
縁が立ち上がった皿に盛る

炒め物は油がからんでいるので、平皿に盛るとすべって外側に広がってしまい、平面的になりがちです。縁に立ち上がりのある器に盛ると、中心を高くしやすくなり、立体的な盛りつけができます。

小鉢
小さい山を作る

小鉢にはいろいろな形のものがありますが、口が外側に開いた、浅めの鉢を選ぶのがおすすめです。器の底面を裾野にした小さい山を作るようなイメージで、中心が高くなるように盛ると、器と料理のバランスがよくなります。

「レシピどおり」作ったときにネックになるのが、珍しい調味料や食材。「わざわざ買うのも…」とためらってしまうかもしれませんが、一度使ってみると新しいおいしさが見つかるはず。おすすめの活用術をご紹介します。

「レシピどおり」作って余った調味料・食材を、もっと活用！

粒マスタード
辛みより酸味が強いので、酢のかわりに使えます。意外ですが、豚汁やラタトゥイユなどの仕上げに加えると、味が引き締まり、コクも増します。ケチャップ味の料理も大人味に変身。

テンメンジャン
マヨネーズとまぜてディップにすると、甘みそマヨネーズ味になり、いろいろな野菜に合います。牛乳とまぜるとドミグラスソースのような味わいになるので、煮こみハンバーグにも使えます。

豆板醤
赤唐辛子、タバスコなどのかわりに使えます。辛みだけでなく塩分もあり、きんぴら、ペンネアラビアータなどに加えても美味。納豆に加えると、辛子よりコクがアップします。

はちみつ
砂糖、みりんのかわりに使えます。照り焼きの砂糖を同量のはちみつにかえると、とろみと特有の香りが楽しめます。焼肉のつけだれに使うと、肉がやわらかくなりまろやかな甘みに。P59で紹介しているようにしょうがとの相性も◎。

オイスターソース
しょうゆみそと同様に使えますが、これらより甘辛さが強いため、2/3量に調節を。マヨネーズとまぜてソースにしても、うまみが強まり美味。大根おろしにかけると、しょうゆよりまろやかな口当たりになります。

バルサミコ酢
イタリアの熟成酢。熟成された甘みがあり、煮詰めるとはちみつのようなとろりとしたソースに。チキン、サーモンのソテーに合うほか、酢の物に使うとひと味違う味わいになります。

りんごジャム
砂糖やはちみつの感覚で使えます。砂糖のかわりにするときは2〜3倍の量を入れて。しょうが焼きに使うと砂糖よりさっぱりした甘みになり、りんご果肉の食感が楽しめます。フレンチドレッシングにまぜても。

パセリ
彩り用に使うイメージが強いですが、じつは玉ねぎのように、食材の味を引き立てる「味出し」に使えるハーブ。たとえば、みじん切りしたパセリを低温で炒めてからえびを入れると、えびのくさみが消え、甘みが増します。

ゆずこしょう
30〜40%が塩分なので塩のかわりに使うときは2〜3倍量入れて。照り焼きのしょうゆを減らしてゆずこしょうを加えると、ゆずの香りたっぷりに。酢でのばして天ぷらに添えても。

紅しょうが
ザーサイやピクルスの感覚で使えます。天ぷら衣に入れると食感も楽しく、揚げ物もさっぱりと味わえます。タルタルソースやねぎドレッシングに入れてもアクセントに。肉野菜炒めや、肉じゃがにもぴったり。

練りごま
脂肪分が多いので、鶏むね肉や鶏ささ身など、脂のない肉にもみこんで使うとしっとりします。チンジャオロースーや酢豚の合わせだれに入れると、濃厚なコクとごまの香りがたっぷりに。

ナツメグ
ひき肉のくさみを消すほか、味のアクセントになります。ひき肉料理以外にも、エスニック料理やコロッケとも相性◎。シチュー、グラタンといったクリーム系料理に使うと、味を引き締めてくれる作用が。

白ワイン
魚介類のくさみを消す効果がありますが、やや酸味があるので煮魚などに使うときは砂糖を少し加えて調節を。チーズに少し加えて煮ればチーズフォンデュができます。

赤ワイン
コクがあり酸味が控えめで、牛肉料理全般に合います。ペンネアラビアータなどのトマトソース系、ナポリタンなどのケチャップ系の料理とも相性抜群。味と色に深みが出ます。

練り辛子
角煮やおでんなど、一定の味が続く料理に添えるとアクセントに。おひたしや酢の物に入れてもコクのあるすっぱさを堪能できます。辛子マヨネーズは、野菜にも肉にも相性ぴったりの万能ソース。

味、香り、風味、コク。調味料には、それぞれ異なる役割があります。各調味料の味を思い起こしながらここを読み、頭の中で整理しておけば、レシピを自分好みにアレンジするときに役立ちますよ。

アレンジにも役立つ 基本の調味料一覧

砂糖

上白糖
溶けやすく、甘みが強い。こげやすいためお菓子などには不向き。

グラニュー糖
さらさらしていて上品な甘みがある。お菓子や飲み物に入れるならこれ。

塩

自然塩
ミネラルやうまみが多く、まろやかなので、味つけに深みを出せる。

精製塩
塩化ナトリウムを精製して作られている。安価で手に入るのが強み。

みそ

あわせみそ
2種以上のみそをまぜたもの。みそは複数まぜあわせることでコクが増すので、オリジナルでブレンドしてみても。

白みそ
みそには多くの種類があるが、一般的に白みそは熟成期間が数か月と短い。甘みが強いのが特徴。

赤みそ
1年以上熟成させて作ったもの。白みそよりも塩分濃度が高い。

しょうゆ

うす口
色が薄く、塩味が強いのが特徴。関西地方で多く使われている。

濃い口
一般にしょうゆといえば、これのこと。しゅうゆ独特の香りが強い。

みりん

あっさりした甘さと照りを出すことができる。煮物に最適の調味料。

酢

米酢
まろやかな酸味がある。香りもよいので、熱を通さない料理に最適。

穀物酢
さっぱりとしたさわやかな酸味がある。安価で手に入る。

こしょう

白こしょう
生ぐささを消せる上品な風味に、かるい辛みづけなど、多岐にわたって活躍。

黒こしょう
白よりも風味が強い。また、ひきたての香りは食欲増進効果も。

マヨネーズ
卵のコクと、お酢の酸味が料理を引き立てる。明太子、ソースなどどんな素材ともマッチする。

ケチャップ
トマトの味を存分に生かした調味料。失敗したときのリカバリーにも便利。

粉・パン粉

小麦粉
通常、小麦粉といえば薄力粉のこと。レシピでは意外と頻出する。

片栗粉
とろみをつけるときに使う。竜田揚げの衣などにも使用する。

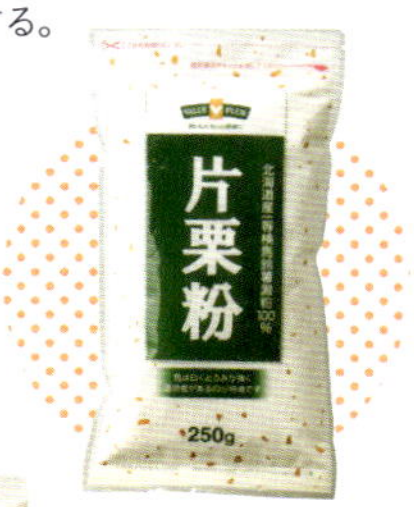

パン粉
フライやハンバーグに使用。生パン粉は水分が多くカラリと揚がる。

油脂類

サラダ油
サラッとしていてクセがないため、どんな料理にも使える。

オリーブ油
香りと風味がよいため、サラダやマリネなどと相性がよい。

ごま油
ごまの香りが強いため、風味を加えたいときに役立つ。

バター
コクと塩分があるため、淡泊な魚や卵を調理する際におすすめ。

ソース

ウスターソース
サラッとしていて、ややスパイシーな味わいが特徴。隠し味にも。

中濃ソース
甘みがあり、濃度が高いため、揚げ物やお好み焼きに使われる。

酒
良質の日本酒は素材のくさみをとり、うまみ、香りが増幅しやわらかく仕上がる。

基本の切り方・下ごしらえ

素材を正しく切り、正しく下ごしらえすることはなぜ大事なのでしょう。それはレシピどおりの加熱時間で味のしみこみや食感がベストな状態になり、初心者でも料理をおいしく仕上げることができるから。レシピを見て迷ったら、このページで確認しましょう。

半月切り
円筒形の素材を縦半分に切り、端から指定の厚さに切って、半月状にする。

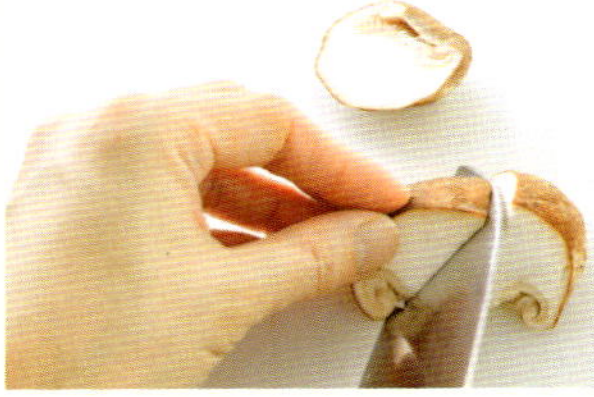

そぎ切り
素材の厚い部分を切る方法。包丁を寝かせて斜めに入れ、そぐように切る。火の通りが早くなる。

薄切り
素材の端から、厚みをそろえて1〜2mm幅に薄く切る。

● **繊維に沿うように**
野菜の繊維は、根から上に向けて縦方向にのびている。この繊維の走っている方向と平行に切る切り方。「縦に切る」などとも呼ぶ。繊維を生かすので、食感を残したいときに。

● **繊維を断つように**
繊維の走っている方向に対して、垂直に切る切り方。「繊維に直角に」とも呼ぶ。玉ねぎの場合、辛みが抜けやすくなり、火通りもいいためスープなどに入れるとやわらかくなりやすい。

いちょう切り
円筒形の素材を縦4等分に切る。端から指定の厚さに切って、いちょうの葉のような形にする。

斜め切り
素材を端から指定の厚さに斜めに切る。輪切りよりも切り口が広くなる。

輪切り
切り口が丸い素材を端から切る。厚さは用途によってかえる。にんじん、大根、ズッキーニなどに用いる。

くし形切り
球状の素材を放射状に切る。櫛に形が似ていることからついた呼び名。

小口切り
細長い素材を端から切る。木の切り株の断面に似ていることから「木口切り」とも書く。

四等分にする
素材を大まかに4つに切る。「四つ切り」と呼ぶこともある。

原寸大

小房に切り分ける
小さな房に切り分ける。ブロッコリーは茎から出た花房の根元に切りこみを入れ1つずつ切り離す。

角切り（さいの目切り）
棒状に切ったものを、端から厚みと同じ幅に切り、サイコロ状にする。

細切り
素材を端から細くそろえて切る。

● ピーマンの場合
ピーマンは縦半分に切ってヘタと種を取り、端から斜めに5mm幅に切る。長さを一定に保つ。

せん切り
線のように極力細く切る切り方。

● キャベツの場合
¼にカットして芯を切り、手で内側と外側に分ける。それぞれ上から押しつぶし、端から斜めに細く切る。一方の辺をある程度切ったらもう一方の辺を切る。

● しょうがの場合
スプーンで皮をこそげ取り、薄切りにしたものを重ねてずらし、端から細く切る。

● にんじんの場合
大きく斜めに薄切りしたものを、重ねてずらし、端から細く切る。

短冊切り
素材を1cm厚さ、3～4cm幅の長方形にし、2～3mm厚さに切って、七夕の短冊のようにする。

● にんじんの場合
1本を半分の長さに切り、縦に3等分する。2～3mm厚さに切る。

一口大に切る
2～3cm角はよく一口大と呼ばれるので、これが目安。ただし、かぼちゃなど煮くずれしやすい野菜の一口大はやや大きめ。

原寸大

ざく切り
キャベツ、青菜などの葉野菜を4～5cm四方に大まかに切る。炒め物や鍋物などの素材に用いる。

原寸大

みじん切り
3mm角以下に細かく刻む。

● **玉ねぎの場合**
まず¼にカットして、芯を切り離さないよう端から縦に切りこみを入れる。

左にパタンと90度倒して。同様に切りこみを入れる。

横長におき、切りこみに垂直に切っていく。このままだと「粗みじん」だが、刃先を押さえて細かくすると「みじん切り」になる。

● **ねぎの場合**
太さの半分まで端から薄く斜めに切りこみを入れる。半回転させて裏側も同様に切りこみを入れる。

端から小口切りにする。

● **ピーマンの場合**
縦半分に切ってヘタと種を取る。縦に細切りにしたものをまとめ、横向きにして端から細かく切る。

● **しょうがの場合**
せん切りにしたものをまとめて横向きにして、端から細く切る。

石づきや根元を切る

しいたけ
しいたけは先端のかたい部分を切る。

しめじ
しめじはいちばん下のギュッと縮まった部分を切る。

えのきだけ
えのきだけは根元のおがくずの部分を切る。

軸を切る
しいたけのかさのすぐ下に包丁を入れる。軸は食べられるのでメニューによっては使う。

乱切り
切り口の面積が広くなるように不規則な形に切る。

● **にんじんの場合**
手前に回しながら切り口の真ん中を割るように包丁を入れる。

● **大きく切るさつまいもの場合**
えんぴつの芯をとがらせるイメージで、手前に回しながら面の真ん中を割るように切る。

ささがき
えんぴつを削るように薄く切る。

● **包丁を使う場合**
素材の先をまな板につけ、先をえんぴつのようにとがらせる。包丁を寝かせて素材を回しながらそぎ切る。最初に切った部分は細切りに。

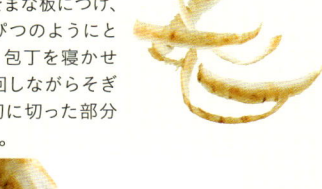

● **ピーラーを使う場合**
素材にピーラーを当て、上から下へ動かしながら、先が細くなるように削る。

しょうが

皮をこそげ取る
しょうがは皮が薄く形が凸凹なので、スプーンの縁を動かし、皮をこそげ取る。

もやし

ひげ根を取る
袋から出したら水で洗い、ひげ根を折って取り除く。口当たりがよくなり、見た目も美しく仕上がる。

枝豆

塩もみ
さっと洗って水けをきり、ボウルに入れて塩をふり、1分もむ。

ゆでる
鍋に2cm深さの湯を沸かし、枝豆を塩ごと入れる。

中火で2〜3分ゆで、ざるに上げて水けをきり、手早く冷ます。

さやいんげん

塩もみ
さっと洗って水けをきり、ボウルに入れて塩をふり、1分もむ。

ゆでる
鍋に3cm深さの湯を沸かし、いんげんを塩ごと入れる。中火で2〜3分ゆで、ざるに上げて水けをきる。

キャベツ

芯を取る
芯にV字の切りこみを入れて、切り取る。

塩もみ
切ったキャベツに塩水をふってまぜあわせる。15〜20分おくと水けが出るので、かるく絞る。

にんにく

芯を取る
縦半分に切り、真ん中にある芯を取り除く。

つぶす
にんにくに木べらか包丁の腹を当て、上から手で押しつぶす。

トマト

湯むきする
鍋にたっぷりの湯を沸かす。おたまにトマトをのせて鍋に入れ、15〜30秒つける。

ピリッと皮がむけたら、取り出して冷水にとり、皮をむく。

オクラ

うぶ毛を取る
さっと洗って水けをきり、ボウルに入れてオクラに塩をふり、指先でこすりあわせる。

アボカド

種を取る
縦に包丁を入れて種に当たったら、そのままぐるりと切りこみを入れる。

左右にひねって半分に割る。

包丁の刃元を種に突き刺し、ゆっくりと種ごと引き抜く。

山いも

すりおろす
まず皮をむく。かゆくならないように手で持つ部分をペーパータオルで覆い、ゆっくり回しながらすりおろす。

グリーンアスパラガス

皮をむく
根元に近い部分の皮がかたいので、下から1/3〜1/2くらいを、ピーラーでところどころむく。

青菜

洗う
青菜は流水で根元をほぐすように洗って汚れを取る。

切る
根元を切る。

根が太いものには、切りこみを入れる。

玉ねぎ

皮をむく
頭と根元を切り落とし、切り口のところに包丁をひっかけて皮をむく。

じゃがいも

芽を取る
じゃがいもの芽にはソラニンという毒素があるので、包丁の刃元で完全にえぐり取る。

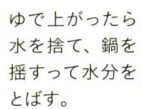

粉ふきにする
ゆで上がったら水を捨て、鍋を揺すって水分をとばす。

吸水する
冷水を入れたボウルに青菜を15分ほどつけ、水を吸わせる。

ゆでる
鍋に6〜7カップの湯を沸かし、青菜の根元を立てて入れる。

10秒おいてから箸で押さえて全体を沈め、再び沸騰したら20秒ほどゆでる。

取り出してすぐに冷水にとり、よく冷やす。

かぼちゃ

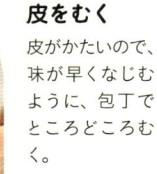

種とワタを取る
大きめのスプーンで種とワタを取り除く。

ところどころ皮をむく
皮がかたいので、味が早くなじむように、包丁でところどころむく。

面取りする
煮くずれを防ぐため、切り口の角をすべて薄くそぎ取る。

きゅうり

板ずり
きゅうりは1本につき小さじ1の塩をまぶし、まな板の上で数回転がす。洗って水けを拭く。

塩もみ
塩水を加えてまぜる。15〜20分おくと水けが出るので、何回かに分けて両手ではさみ、拝むように水けを絞る。

油揚げ

油抜き
ボウルにぬるま湯をはり、油揚げをもみ洗いして油を抜く。

切り干し大根

もどす
さっと洗ってボウルに入れ、かぶるくらいの水を加える。泡が出るまでもみながら洗い、汚れた水を捨てる。これを2回くり返す。たっぷりの水に10分ひたし、水けを絞る。

里いも

洗う
水をはったボウルに入れ、たわしで洗って泥を落とす。ざるに上げて皮をよく乾かす。

皮をむく
上下を少し切り落とし、包丁を縦に6〜8回入れて皮をむく。

塩もみ
ボウルに入れ、塩をまぶして30秒もむ。ここでぬめりをしっかり出す。

水けを拭く
さっと洗って水けをきり、乾いたペーパータオルでしっかりと水けを拭き取る。

ゆで卵

卵は室温に戻す。沸騰させた湯におたまで卵を入れる。10分ゆでて鍋の湯を捨て、冷水を入れて冷ます。

豆腐

水きり
豆腐を切り、ペーパータオルを敷いたバットに並べて10分ほどおく。

基本のだしの取り方

⦿ 材料（約5カップ分）
水‥‥‥‥‥5½カップ
昆布‥‥‥‥‥‥10g
削り節
　‥3〜4袋（15〜20g）

Q&A　レシピに出てくる「だし汁」って？
基本は、昆布と削り節でとっただしのこと。冷蔵庫で2日ほどもちます。

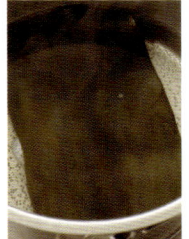

1 鍋に水5カップを入れ、昆布を**30分**ひたす。鍋をそのまま**中火**にかける。沸騰直前（90℃）に、昆布全体に気泡がついたら取り出す。

2 1を沸騰させて火を止めたら、水½カップ、削り節を加え、**2〜3分**おく。

3 ざるにペーパータオルを敷く。**2**を静かに注ぎ入れてこす。

4 ペーパータオルの四隅をそっと持ち上げてかるく絞る。

いわし

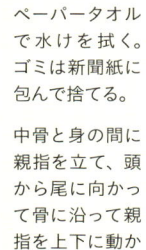

手開きにする

まな板の上に新聞紙を敷く。いわしは包丁を尾から頭に向かってこすり、うろこを取る。尾と頭は切り落とす。

腹に切りこみを入れてワタをかき出す。腹の内側を冷水で洗い、ペーパータオルで水けを拭く。ゴミは新聞紙に包んで捨てる。

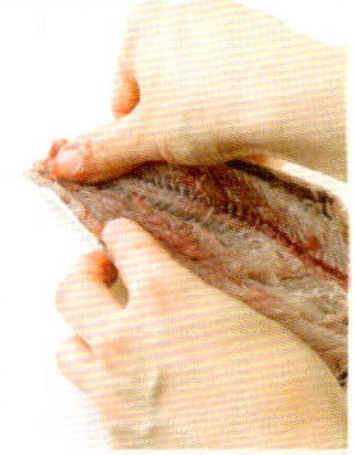

中骨と身の間に親指を立て、頭から尾に向かって骨に沿って親指を上下に動かし、身を少しずつ開く。

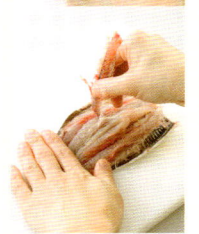

尾に近い部分の中骨を身からはずして身を押さえ、中骨を尾から頭に向かってはがす。

包丁で腹骨をそぎ切る。

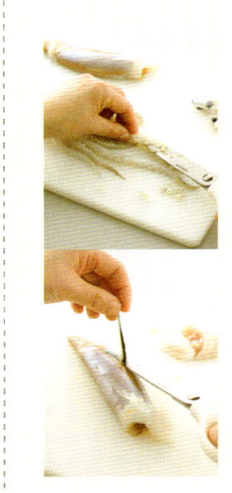

腹骨

えび

下ごしらえ

えびフライやえびの天ぷらを作るときは、尾の先を切り、包丁の先で汚れをしごき出す。

尾を一節残して殻をむく。背ワタがあれば取る。

腹側に斜めに数か所切り目を入れる。

腹を下にしてプチッと音がするまで指で押さえ、まっすぐにする。

足の吸盤をキッチンばさみで切り取る。

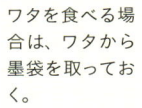

ワタを食べる場合は、ワタから墨袋を取っておく。

いか

エンペラ

さばく

いかの胴の中央にキッチンばさみを入れ、ワタを破らないように胴の先(エンペラ)まで切る。

キッチンばさみでワタと胴を少しずつ切り離す。

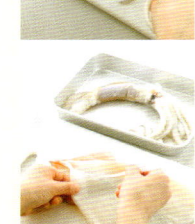

軟骨を取り除く。

胴とエンペラ(三角部分)を切り離し、さっと洗ってペーパータオルで水けを拭く。

目の上にキッチンばさみを入れて、ワタを切り離す。

足を手前におき、目と目の間に切りこみを入れて、くちばしと目を取る。

鶏肉

余分な脂肪を取る 
皮と身の間に黄色い余分な脂肪があるので、包丁で取り除く。

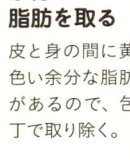

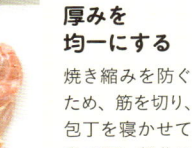

厚みを均一にする 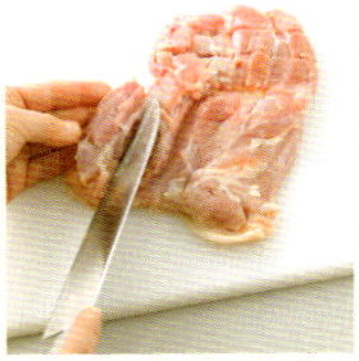
焼き縮みを防ぐため、筋を切り、包丁を寝かせて身の厚い部分に入れて開く。

豚肉

筋を切る 
とんカツなどに使う豚肩ロース肉は、脂身と赤身の境目に包丁を4～5か所入れて筋を切る。

たたく 
焼き縮みを防ぐため、包丁の峰で表裏を格子状に50回ずつたたき、ペーパータオルで水けを拭く。

牛肉

細切りにする 
細く切るときは、繊維と直角になるように切るとやわらかく仕上がる。

室温におく 
ステーキを焼くときは、焼く30分前に冷蔵庫から取り出し、室温にもどす。

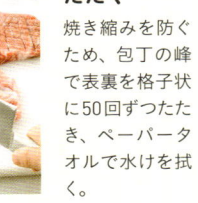

あさり

砂出し 
2～3％の塩水（水100mlに対して塩小さじ½）を作る。あさりはよく洗ってバットに入れる。

あさりがつかるくらいまで塩水を注ぐ。アルミホイルをかぶせ、室温に30分以上おいて砂をはかせる。

洗う 
真水で殻と殻をこすりあわせるようにして洗う。

(魚)

洗う
腹の内側のワタや血を冷水で洗う。

ペーパータオルで水けを拭く。

さば

洗う 
冷水を入れたボウルの中で、背骨の部分にある血合いをさっと洗い、ペーパータオルで水けを拭く。

あじ

おろす 
まな板の上に新聞紙を敷く。尾から頭のほうに向かって包丁の先を動かし、両面のうろこを取る。

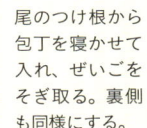

尾のつけ根から包丁を寝かせて入れ、ぜいごをそぎ取る。裏側も同様にする。

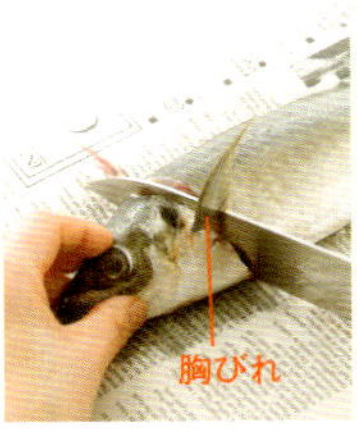

ぜいご

尾を切り、胸びれのすぐ下の、頭のつけ根に包丁を入れ、頭を切り落とす。

胸びれ

腹の厚みの半分のところに包丁を寝かせて入れ、縦に切りこみを入れる。

切り目からワタをかき出す。ゴミは新聞紙に包んで捨てる。ゴミの日が遠いときは、袋にくるみ冷凍庫に入れておくとにおい対策に。

迷ったらココ！ レシピの言葉

料理のレシピを見て「これどういう意味？」と思うことはありませんか？そんな疑問を解決するため料理初心者が迷いがちな「レシピ語」をまとめました。ほかの料理本に出てくる言葉も集めているので、わからないことが出てきたらそのたびに確認してください。

あ

■ **アクを取る**
アクとは、食品に含まれる渋みや苦み、えぐみ、不快なにおいなど、おいしさを損なう成分や、野菜の切り口を変色させてしまう物質のこと。肉や魚をゆでたり煮たりすると、表面に泡として浮いてくるので、おたまなどですくい取る。

■ **アルデンテ**
パスタのゆで加減を表す言葉で、歯ごたえのある状態にゆでること。芯がやや残っているのが理想。ソースをからめる時間を考慮し、食べるときにちょうどいい食感になるよう、袋の表示時間より1〜2分短めにゆでるとよい。

■ **油抜き→P183参照**
油揚げや厚揚げ、さつま揚げなどの表面の油分を落とすこと。素材をざるにのせて熱湯を回しかけたり、湯の中に入れたりすると、油くささが取れて味のしみこみもよくなる。

■ **石づきを切る→P180参照**
しいたけやしめじなどのきのこ類の軸の先にある、ややかたい部分を切り落とすこと。

■ **裏ごしする**
材料をきめ細かく、なめらかにするため、裏ごし器や万能こし器などを使ってこすこと。

■ **油を薄く塗る**
ペーパータオルに少量の油をひたしてフライパンに塗ること。薄焼き卵や卵焼きを作るときに油を薄く塗ると、フライパンにくっつくのを防いで、きれいに焼ける。

■ **油を熱する**
フライパンや鍋に油を入れ、温めること。フライパンから10cm上の位置に手をかざし、すぐに温かさを感じるまで熱する。

■ **粗熱をとる**
加熱調理したあとの熱い状態を、手でさわれるくらいまで冷ますこと。ゆでた野菜などはざるに広げて、煮物などはしばらくそのままおいて冷ます。

■ **味をととのえる**
料理の仕上げに味を調整すること。すでに味つけはすんでいる場合が多いので、味をみて、物足りないと思ったら塩、こしょう、しょうゆなどを加えて好みの味にする。

■ **味をなじませる**
調味料を加えて、素材や煮汁に味を行き渡らせた状態。

■ **味を含ませる**
材料がやわらかく煮えたら、火を止めてそのままおき、中まで味をしみこませること。

■ **油が回る**
材料を油で炒めたとき、全体に油がなじんでつやつやした状態になること。

■ **落としブタ**
煮物を作るときに使うフタで、材料の上にじかにのせる。フタの下で煮汁が対流するので、味が全体に行き渡る。また、材料同士のぶつかりがなくなるので、煮くずれも防げる。木製のフタの代用には、ぬらしたペーパータオルをかるく絞ったものやアルミホイル、クッキングシートが便利。

か

■ 香りを出す
しょうがやにんにく、ねぎなどの香味野菜を炒めて香りを引き出し、その香りを油に移すこと。こげやすいので、冷たい油とともにフライパンに入れ、弱火か中火で炒めることが多い。じわじわと細かい泡が立ち、いい香りがしてきたら、次の材料を入れるタイミング。

■ かぶるくらいの水
材料が水面から出ないくらい、完全にかぶった水の量。いも類や根菜類など、比較的ゆでて時間が長くかかる材料をゆでるときや、乾物をもどすときもこの水加減にすることが多い。

■ カリッとする
表面がかたく、きつね色に色づき香ばしい香りになること。表面の水分や脂分が充分に抜けるとこの状態になる。鶏肉やベーコンを焼くとき、から揚げやかき揚げを揚げるときの仕上がりの目安となる。

■ きつね色
おもにとんカツやコロッケなど、

さ

■ ささがき →P180参照
笹の葉のような形に、薄く削ぐように切ること。断面にささくれができるので、味がしみやすい。

■ 差し水
材料をゆでている途中で加える水のこと。びっくり水ともいう。麺類をゆでるときなどは、沸騰したときに少量の水を加え、一時的に水際に食べられる重量のこと。じゃがいも、頭つきの魚などに使われる。

■ こんがりと焼く・揚げる
表面に焼き色がつくまで焼くこと。ハンバーグの場合は濃い茶色に、グラタンの場合はところどころ焼き色がつくまで焼く。また、揚げ物の場合は、全体が薄い茶色になるまで揚げる。

■ こそげ取る →P181参照
皮を削り落とすこと。ごぼうやしょうがを調理するときに使う。これらは皮に風味があるので、包丁でむくより、スプーンや包丁の峰(背)、たわしなどで表面をこするように皮を取るほうがよい。

■ 下味をつける
生の材料にあらかじめ調味料、香辛料などで味をつけておくこと。塩こしょうをふったり、酒やしょうゆなどの調味料をあわせたものにつけたりする。肉や魚のくさみを取り、やわらかくする効果も。

■ 塩もみ →P182参照
材料に塩または塩水をふり、手でかるくもむこと。きゅうりなどの下ごしらえに用いることが多い。強くもむと素材が割れてしまうので、全体に塩をなじませ、かるくまぜあわせる程度でよい。

■ しんなりする
かたさがなくなってかさが減り、しなやかになった状態。野菜を炒めたときや、野菜を塩もみして水分が抜け、ハリがなくなって少しやわらかくなった状態をさす。

■ すが入る(すが立つ)
卵を使った茶碗蒸し、プリンなどの蒸し物や、豆腐などを加熱したときに、料理の表面に細かい泡のような穴ができること。大根やごぼうの中心部に穴があいて、すかすかになった状態のこともさす。

■ 室温に戻す
厚みのある肉や魚を焼くとき、冷えたまま焼くと中まで火が通らないので、調理前に冷蔵庫から出しておき、室温と同じくらいの温度にする。ケーキ作りなどで使いたいときやわらかい状態で使いたいときバターを同様にし、指でかるく押すとつぶれるくらいにする。

■ 筋を切る →P185参照
肉の筋(腱および筋膜)を加熱前に切っておくこと。焼き縮みが防げる。豚肩ロース肉なら、脂身と赤身の境目の筋を包丁で4〜5か所切る。鶏もも肉は、肉の間に見える白い筋を切る。

■ 正味(しょうみ)
皮・種・ワタなどを取り除いた、実際に食べられる重量のこと。じゃがいも、頭つきの魚などに使われる。

パン粉をまぶして揚げる料理に使う言葉で、表面全体が明るい茶色に色づいた状態。

た

■ 筋を取る
野菜の繊維質を取ること。きぬさやや、スナップえんどうなどのさやの両端の筋や、セロリ、ふきなどの表面の筋は、残したままだと口当たりが悪くなるので、調理前に取る。

■ 繊維に沿うように →P178参照
野菜の繊維の走っている方向と平行に、という意味。

■ 繊維を断つように →P178参照
野菜の繊維の走っている方向に垂直に、という意味。

■ たっぷりの水
材料が完全に沈み、鍋を火にかけて沸騰したときにふきこぼれないくらいの水の量。ほうれん草、小松菜などの青菜や麺類をゆでるときに使う。

■ ダマになる
小麦粉など粉類が液体によく溶けずにぶつぶつの状態になること。ホワイトソースを作るときは、炒めたバターと小麦粉に牛乳を少しずつ加えて慎重にまぜる。中華料理の仕上げにとろみをつけるときは、水溶き片栗粉を加えてまぜながら火を通すと、ダマになりにくい。

な

■ 煮詰める
煮ながら水分をとばし、汁の量を少なくすること。

■ 煮からめる
煮ながら、たれや煮汁を材料にからませること。魚の照り焼きなどを作るときは、たれを入れて火を通しながら、材料にからめて仕上げる。

■ 鍋肌
鍋やフライパンの内側の側面。炒め物やチャーハンでしょうゆなどを加えるときに、熱くなった鍋肌に沿わせるように加えると、水分が一瞬でとび、香ばしさが際立つ。

■ 煮含める
煮ながら、材料の中まで充分に味を入れること。里いもやかぼちゃなどの煮物を作るときは、たっぷりの煮汁でゆっくりと弱火で煮ながら、中まで味をしみこませる。

■ 煮立たせる
煮汁を一度沸騰させてから、ひと呼吸おくくらい煮ること。煮物や汁物を作るとき、材料を加えて一時的に下がった温度を上げ、再沸騰させてほんの少し煮るときに使う。

■ ひと煮する(さっと煮る)
煮物を温める程度に煮ること。煮物を仕上げるとき、またあらかじめ火を通しておいた材料や、火を通さなくても食べられる材料、火を通しすぎると食感が悪くなってしまう材料を煮る場合に使う。

■ とろみをつける
煮汁や汁物、ソースに水で溶かした片栗粉を加えて火を通し、濃度をつけてとろりとさせること。具に汁がからみ、口当たりもよくなる。用意しておく場合、少しおくと分離してしまうので、加える前にもう一度まぜる。

■ 熱湯
泡がぶくぶくと立ち、沸騰している100℃の湯。

は

■ ひたひたの水
材料の表面が水面から見え隠れるくらいの水の量。煮物を作るときの、水やだし汁を加える量の目安として使う。

■ 一口大に切る →P179参照
厳密なサイズは決まっていないが、一辺を、だいたい2～3cmの大きさに切ること。「食べやすい大きさに切る」と表記する場合もある。

■ ひとまぜする
材料を木べらなどでさっと一～二度まぜること。炒め物や煮物で、あとから材料を加えるときに使う。

■ フツフツと煮立つ
煮汁が沸騰して表面が少し泡立ち、煮汁や材料がゆらゆらと動いているような状態。煮物や煮魚を作るとき、煮汁の表面が大きく泡立つくらい煮立てると、煮くずれしてしまう。

ま

■ 回し入れる（回しかける）
調味料などを一か所に入れるのではなく、円を描くように注ぎ入れること。溶き卵でとじたり、仕上げにごま油やオリーブ油をかけたりするときに使う。

■ 水にさらす（水にはなす）
野菜のアクを抜くために水にひたすこと。レタスなどの葉野菜は、歯ざわりをパリッとさせるために、玉ねぎやねぎなどは、辛みを抜くために水にさらす。わかめなどの塩蔵品も、水にさらして塩を抜く。

■ 面取り →P182参照
大根や里いも、かぼちゃを煮るとき、煮くずれないように切り口の角を包丁で薄くそぎ切ること。形もととのい、きれいに仕上がる。

■ 水きり（水けをきる）→P183参照
豆腐や水にさらした野菜などの余分な水分を取り除くこと。豆腐はペーパータオルを敷いたバットにのせるなどしてしばらくおき、野菜はざるに上げて水けを取る。

■ 水けを拭く →P183参照
ペーパータオルで材料の余分な水分を拭き取ること。材料を炒めたり素揚げしたり焼いたりするとき、水けを残さず拭いておくと、火の通りが早くなり、油はねも防げる。

■ 水けを絞る
ゆでた青菜や、塩もみしたキャベツやきゅうりなどの余分な水分を手で絞って除くこと。青菜の場合は逆さにしても水がしたたらないくらいが目安。

■ へタを取る
へタは枝についていた野菜の端の部分。きぬさや、スナップえんどうなどは筋とともに取る。トマトは包丁の刃先でぐるりとくり抜く。

や

■ 焼き色をつける
材料の表面を、薄い茶色になる程度に香ばしく焼くこと。材料を裏返すタイミングや、次の材料を加える目安になる。

■ 湯せん
鍋やボウルに湯をはり、その中に材料を入れた一回り小さい容器を入れて温める。熱の当たりが穏やかなので、材料をこがす心配がない。バターやチョコレートを溶かすときに使う。

■ 湯むき →P181参照
おもにトマトの皮をむくときに使う。熱湯にトマトを丸ごと入れて15〜30秒つけると、皮が収縮して一部が破れるので、冷水にとってつるりとむく。食感がやわらかく、トマトの甘みを感じやすくなる。

■ 予熱
オーブンや魚焼きグリル、フライパンを使うとき、材料を入れる前にあらかじめ温めておくこと。

■ 余熱
加熱調理したあとに、鍋や食材に残った熱のこと。煮物は余熱を利用して味をしみこませる。ゆでたそばは、余熱が残っているとそばのこしがなくなるので、すぐに冷水で冷やす。

■ 余分な粉をはたく
材料に片栗粉や小麦粉をまぶしつけたあと、手でかるくたたいて余分な粉を落とすこと。こうすると、表面に粉が均一につく。粉のつき方にかたよりがあると、焼いているうちにかたまりがはがれたり、口当たりが悪くなったりする。

ら

■ 冷水
5℃程度の水。冬場は水道水をそのまま使ってもよいが、夏は氷水や冷蔵庫で冷やした水を使う。天ぷらの衣に冷水を使うと、小麦粉のグルテンの形成が抑えられ、カラッと揚がる。魚の下ごしらえするときも、傷みを防ぐため冷水にあらかじめ温めておくこと。を使ったほうがよい。

材料別さくいん

レシピどおり作って余った食材を活用できる！

ここでは、本書に載っている主な食材をピックアップ。「しょうがが余っちゃった」などというときは、このページからしょうがを使ったほかの料理を探して作ってみてください。

◎肉

[豚ひき肉]
- 基本のハンバーグ … 32
- 羽つき肉餃子 … 68
- 麻婆豆腐 … 80
- かぼちゃのそぼろ煮 … 138
- チャーハン … 152
- スパゲティミートソース … 162

[鶏もも肉]
- 鶏肉ときのこのマカロニグラタン … 48
- 鶏のから揚げ … 50

◎野菜

[キャベツ]
- 野菜炒め … 42
- 羽つき肉餃子 … 68
- ロールキャベツ … 94
- とんカツ … 110
- キャベツのコールスロー … 122
- キャベツの浅漬け … 134
- 基本のみそ汁 … 169

[きゅうり]
- 生野菜のバーニャカウダソース … 124
- ポテトサラダ … 126
- きゅうりとかにかまの酢の物 … 134
- シンプル卵&きゅうりサンド … 167

[しいたけ]
- 筑前煮 … 118
- 酢豚 … 147
- 鶏五目炊きこみご飯 … 162
- スパゲティミートソース … 162
- かき玉汁 … 170

- 鶏肉のソテーねぎソース … 65
- 筑前煮 … 96
- 鶏五目炊きこみご飯 … 147
- フライパンパエリア … 150
- 親子丼 … 158

[しょうが]
- 鶏のから揚げ … 50
- 豚肉のしょうが焼き … 58
- 鶏肉のソテーねぎソース … 65
- 羽つき肉餃子 … 68
- えびのチリソース … 76
- チンジャオロース― … 78
- 麻婆豆腐 … 80
- シンプルカレー … 88
- 豚の角煮 … 98
- さばのみそ煮 … 102
- 金目鯛の煮つけ … 104
- ぶりと大根のあら煮 … 106
- 焼きなす … 130
- きゅうりとかにかまの酢の物 … 134
- そばつゆ&そば … 161

[じゃがいも]
- 肉じゃが … 40
- シンプルカレー … 88
- コロッケ … 112
- ポテトサラダ … 126
- 基本のみそ汁 … 169
- 野菜のポタージュ … 171

[玉ねぎ]
- 基本のハンバーグ … 32
- 肉じゃが … 40
- 野菜炒め … 42
- 鶏肉ときのこのマカロニグラタン … 48
- 豚肉のしょうが焼き … 58
- シンプルカレー … 88
- ハヤシライス … 90
- コロッケ … 112
- かき揚げ … 116
- 酢豚 … 118
- 湯むきトマトのサラダ … 122
- ポテトサラダ … 126
- スモークサーモンと玉ねぎのマリネ … 134
- オムライス … 148
- フライパンパエリア … 150
- 親子丼 … 158
- 牛丼 手作り温玉のせ … 159
- スパゲティミートソース … 162
- 基本のみそ汁 … 169
- コーンスープ … 171
- 野菜のポタージュ … 171

190

[大根]

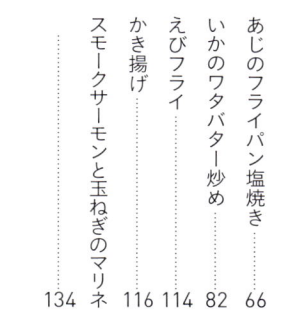

- 具だくさん豚汁 …… 36
- ぶりの照り焼き …… 44
- あじのフライパン塩焼き（大根おろし）…… 66
- ぶりと大根のあら煮 …… 106
- 小松菜の梅わさびおろし和え（大根おろし）…… 137
- 丸いフライパンで卵焼き（大根おろし）…… 144

[にんじん]

- 具だくさん豚汁 …… 36
- 肉じゃが …… 40
- 蒸し野菜 …… 46
- ひじきの煮物 …… 52
- 鶏肉のソテー ねぎソース …… 65
- 筑前煮 …… 96
- キャベツのコールスロー …… 122
- 生野菜のバーニャカウダソース …… 124
- 焼き野菜のマリネ …… 132
- きんぴらごぼう …… 140
- 切り干し大根の煮物 …… 142
- 鶏五目炊きこみご飯 …… 147
- チャーハン …… 152
- スパゲティミートソース …… 162
- 野菜のポタージュ …… 171

[ねぎ]

- 鶏肉のソテー ねぎソース …… 65
- えびのチリソース …… 76
- チンジャオロース …… 78
- 麻婆豆腐 …… 80
- 豚の角煮 …… 98
- 肉豆腐 …… 100
- さばのみそ煮 …… 102
- 鶏つくね …… 108
- ゆでしゃぶサラダ …… 109
- チャーハン …… 152
- そばつゆ&そば …… 161
- 基本のみそ汁 …… 168

[にんにく]

- 羽つき肉餃子 …… 68
- えびのチリソース …… 76
- いかのワタバター炒め …… 82
- シンプルカレー …… 88
- ラタトゥイユ …… 92
- 生野菜のバーニャカウダソース …… 124
- 焼き野菜のマリネ …… 132
- 豆もやしのナムル …… 126
- フライパンパエリア …… 150
- スパゲティミートソース …… 162
- スパゲティカルボナーラ …… 164
- ペンネアラビアータ …… 166

[パセリ]

- 鶏肉ときのこのマカロニグラタン …… 48
- サーモンのムニエル …… 60
- ハヤシライス …… 90
- コロッケ …… 112
- 湯むきトマトのサラダ …… 122
- スクランブルエッグ …… 144
- スパゲティミートソース …… 162
- 野菜のポタージュ …… 171

[ピーマン]

- ぶりの照り焼き …… 44
- 春巻き …… 72
- チンジャオロース …… 78
- 酢豚 …… 118
- オムライス …… 148
- チャーハン …… 152

[三つ葉]

- シンプル茶碗蒸し …… 86
- かき揚げ …… 116
- 親子丼 …… 158
- 簡単おすまし …… 170

[レモン]

- 鶏のから揚げ …… 50
- サーモンのムニエル …… 60

◎その他

[牛乳]

- 基本のハンバーグ …… 32
- 鶏肉ときのこのマカロニグラタン …… 48
- ハヤシライス …… 90
- とんかつ …… 110
- コロッケ …… 112
- えびフライ …… 114
- 生野菜のバーニャカウダソース …… 124
- ポテトサラダ …… 126
- ブロッコリーのピーナッツ和え …… 137
- コーンスープ …… 171
- 野菜のポタージュ …… 171

あじのフライパン塩焼き …… 66
いかのワタバター炒め …… 82
えびフライ …… 114
かき揚げ …… 116
スモークサーモンと玉ねぎのマリネ …… 134

たくさん作ってみてね！

著者

小田真規子　おだ まきこ

料理家・栄養士およびフードディレクター。「株式会社ナッツカンパニー」「有限会社スタジオナッツ」主宰。女子栄養短期大学卒業後、香川専門学校製菓科で製菓を学ぶ。アシスタントを務めたあと、1998年に独立し、有限会社スタジオナッツ設立。「きょうの料理・ビギナーズ」「オレンジページ」などの料理関連雑誌にオリジナルの料理やお菓子のレシピを発表している。また、料理のテレビ番組では「きょうの料理・ビギナーズ」(NHK)、「ウチゴハン」(テレビ朝日)などでメニュー提案からフードコーディネートも手掛け、出演も多い。スタッフと共に試作をくり返し、調理科学的裏付けにもとづいた、誰もが作りやすくヘルシーで簡単でおいしいレシピに定評がある。食品関連企業の商品開発や、メニューアドバイスなどのコンサルティング業務にも携わる。

〈著書・監修書〉
『つくりおきおかずで朝つめるだけ！弁当』『(同2)』『(同3)』(扶桑社)、『NHK「きょうの料理ビギナーズ」ハンドブック　ハツ江おばあちゃんの定番おかずレッスン』(NHK出版)、『麺と酒粕のおいしい食卓』(日東書院)、『料理のきほん練習帳　かんたん！お店の味』(高橋書店)　など多数

料理のきほん練習帳

著　者　小田真規子
発行者　高橋秀雄
発行所　株式会社 高橋書店
　　　　〒170-6014 東京都豊島区東池袋3-1-1 サンシャイン60 14階
　　　　電話　03-5957-7103

ISBN978-4-471-03397-2　©ODA Makiko　Printed in Japan

定価はカバーに表示してあります。
本書および本書の付属物の内容を無断で転載することを禁じます。また、本書および付属物の無断複写(コピー、スキャン、デジタル化等)、複製物の譲渡および配信は著作権法上での例外を除き禁止されています。

本書の内容についてのご質問は「書名、質問事項(ページ、内容)、お客様のご連絡先」を明記のうえ、郵送、FAX、ホームページお問い合わせフォームから小社へお送りください。
回答にはお時間をいただく場合がございます。また、電話によるお問い合わせ、本書の内容を超えたご質問にはお答えできませんので、ご了承ください。本書に関する正誤等の情報は、小社ホームページもご参照ください。

【内容についての問い合わせ先】
　書　面　〒170-6014 東京都豊島区東池袋3-1-1 サンシャイン60 14階　高橋書店編集部
　ＦＡＸ　03-5957-7079
　メール　小社ホームページお問い合わせフォームから　(https://www.takahashishoten.co.jp/)

【不良品についての問い合わせ先】
　ページの順序間違い・抜けなど物理的欠陥がございましたら、電話03-5957-7076へお問い合わせください。
　ただし、古書店等で購入・入手された商品の交換には一切応じられません。